Numerología

Con nuestro agradecimiento a Maurice Rouch,
a Gloria Saravaya y a Evelyne Bayard
por su preciosa colaboración.

Violette Thibaut

Numerología

GUÍA PRÁCTICA

Realidades del Número Vivo

Luciérnaga
OCEANO

Título original: *Numerologie*
Traductora: Berta Sanz Cuñat
Diseño cubierta: Goavec Pierre-Yves

Primera edición: abril 1998

OCEANO GRUPO EDITORIAL, S.A.
Milanesat, 21-23
EDIFICIO OCEANO
08017 Barcelona (España)

ISBN: 84-494-1031-2
Depósito legal: B. 21.733-98

Impreso por Carvigraf, S.L.

Impreso en España
Printed in Spain

Querido lector e investigador:

Este libro te permitirá comprender el funcionamiento de los Números en tu tema personal. Pero, antes de leerlo, te aconsejo que esclarezcas estas dos cuestiones:

- *¿Por qué razón quieres captar el sentido de tus Números?*
- *¿En qué estado de ánimo te encuentras al comenzar esta búsqueda?*

Querido amigo:

No podrás captar la Vida oculta de los Números, la Vida que se esconde tras los mensajes que los Números te transmiten o tras sus diversos aspectos, mientras no abandones tu valoración personal tanto si se trata de tu propio tema numerológico como si es el de un amigo a quien quieres ayudar.

ABRE DE PAR EN PAR LAS PUERTAS DE TU CORAZÓN Y SÉ REALISTA, AUTÉNTICO.

Ésa es tu baza al comenzar este estudio vivo.

Estoy a tu lado.

LA AUTORA

1	A	J	S
2	B	K	T
3	C	L	U
4	D	M	V
5	E	N	W
6	F	O	X
7	G	P	Y
8	H	Q	Z
9	I	R	

El número

• Todo cuanto vive, vibra y palpita presenta ciertos ritmos sincronizados que contribuyen a la expansión del flujo vivo que anima cualquier cuerpo visible.

• Esas palpitaciones rítmicas ponen de manifiesto un movimiento ondulatorio que se expresa a través de cada inspiración y de cada espiración, las cuales se suceden una a otra indefinidamente.

• El flujo vivo que anima los cuerpos no es ni una palpitación ni una vibración. Pero ambas posibilitan que la materia se vea animada e impregnada continuamente por ese flujo, y forme UNO con él.

• La esfera del Cero, esa forma redondeada sin principio ni fin, representa al mismo tiempo la inspiración y la espiración. El cero contiene en su centro el Todo y, en su circunferencia, revela el movimiento de ascenso y de descenso.

• Todos los demás números, desde el 1 hasta el 9, ponen de manifiesto ese movimiento ondulatorio expresado por la inspiración y la espiración, y muestran la trayectoria del flujo que está vivo en todas las cosas.

¿Quieres comprender el Número?

Respira correctamente y, mientras respiras, aprende a observar todos los movimientos efectuados durante la inspiración y la espiración.

Aprende a sentir el prana –la energía vital universal– que absorbes al inspirar y que distribuyes de nuevo de modo distinto al espirar.

El Número es una chispa de vida que vibra en ti, alrededor de ti y por ti cuando la dejas fluir a través de tu palabra y de tu actitud.

Las numerosas facetas del Número constituyen su naturaleza y su cuerpo, pero en realidad es UNA sola entidad, de la misma forma que tus órganos y tus miembros constituyen tu cuerpo. Todas sirven a ese UNO, y forman parte integrante de ÉL.

Cuando aceptes esto, podrás comprender y vivir en verdad la energía del Número.

Debes abandonar lo que has aprendido hasta ahora. Fue necesario en el pasado para formar tu mente inteligente. Pero ahora te llama el PRESENTE, no le vuelvas la espalda.

Abre tu corazón y mantén una actitud confiada.

Ven con esa fe en el corazón, a fin de que saboreemos juntos el pan de este día relativo al número vivo.

Prefacio

Numerología no es el término adecuado para describir lo que encontraréis en este libro.

No se trata de una lógica convencional de la acción o del carácter del número.

Este libro trata del proceso energético que describe cualquier ser vivo y de su funcionamiento en todos los niveles, incluyendo el plano físico.

Para que ese proceso resulte accesible, hay que renunciar a todo cuanto pudiera encasillarlo o aprisionarlo en una idea o una actitud limitadas.

En este libro el número se considera como una Entidad viva, que representa la interacción energética –visible e invisible– necesaria para la manifestación de la Vida.

Interacción que va desvelándose a medida que avanzamos en la comprensión del proceso de la encarnación.

El proceso en cuestión es una cadena formada por diversas etapas, que deben recorrerse teniendo en cuenta constantemente tanto el eslabón anterior como el siguiente.

Esta manera de abordar los números invita al individuo a superar sus límites mentales y emocionales, y hace que se comprometa en esa búsqueda viva que es la «del conocimiento de sí mismo».

Por otro lado, expreso así mi inmenso agradecimiento a

todos los investigadores y escritores de la ciencia de los números que ha habido desde la noche de los tiempos.

Esa ciencia, que ha enseñado el arte de vivir con la inteligencia y la sabiduría Divinas, ha tomado diversas formas a lo largo de la evolución de la psicología humana hasta desembocar en una terapia humanista consagrada al conocimiento de la naturaleza humana: sus raíces, su carácter.

La evolución de los estudios psicológicos ha permitido que, poco a poco, fuera desmitificándose el lenguaje esotérico de los números considerados como energía –en gran parte debido a François Notter–. Pero que se haya desmitificado el lenguaje de los números no significa en absoluto que se los haya despojado de su sentido vital.

Por ello, consideraremos el número en su conjunto, es decir, como energía y como manifestación.

Bajo esta perspectiva, resultará sencillo tener constantemente presentes las dos naturalezas intrínsecas de la misma entidad viva: «la naturaleza energética invisible y la que la manifiesta visiblemente».

1. Naturaleza de los números

Como cualquier otra manifestación en el universo, los números aparecen bajo una naturaleza perfectamente definida o un aspecto claramente determinado.

Ello explica que los números se presenten bajo dos aspectos diferentes: uno positivo, activo o masculino, y otro negativo, pasivo o femenino.

Los números positivos masculinos se encuentran reflejados en los impares:

1, 3, 5, 7, 9

Los números negativos femeninos tienen su reflejo en los pares:

2, 4, 6, 8

En la práctica, nos limitaremos solamente a los **nueve** primeros, que representan la trayectoria expresada desde la unidad, «fuerza primera», hasta la conclusión, «multitud consciente».

Todos los demás números reproducen esa trayectoria en diferentes planos de la manifestación.

Cuando examinamos con mirada lúcida el funcionamiento del cuerpo humano, observamos que en él aparecen la vida y la existencia en tres planos fundamentales:

1. El Plano espiritual o sutil, que corresponde en el cuerpo al corazón y al cerebro.
2. El Plano vital o sensorial, que corresponde en el cuerpo a la sangre.
3. El Plano concreto o físico, que corresponde a la linfa y al tejido linfático.

Lo mismo ocurre en cuanto al funcionamiento de los números y lo que expresan:

- el Plano espiritual corresponde a la serie **1, 2, 3.**
- el Plano vital corresponde a la serie **4, 5, 6.**
- el Plano concreto corresponde a la serie **7, 8, 9.**

Si observamos el cerebro del cuerpo humano, constatamos que en él están contenidos los tres planos: constituido por un tejido físico, irrigado por la sangre y la linfa, dirige con inteligencia el funcionamiento de todo el cuerpo.

De la misma manera, cada serie numérica contiene y expresa cada uno de los planos mencionados arriba.

Así pues, podemos proceder a una nueva clasificación de los números, bien según una lectura horizontal:

1	**2**	**3**
4	**5**	**6**
7	**8**	**9**

bien según una lectura vertical:

1,	**4,**	**7**
2,	**5,**	**8**
3,	**6,**	**9**

Esta clasificación indica que cada serie constituye una tríada de números que contienen los **tres** planos que gobiernan la vida más densa.

En cada una de las tríadas, los números son complementarios, porque cada uno de ellos representa una potencialidad que se manifiesta en la tríada siguiente.

Al término de este análisis preliminar sobre la naturaleza y el funcionamiento de los números empezamos a descubrir el sentido que tiene la vida de esas energías que nos abren el camino hacia el conocimiento de nosotros mismos.

Esos seres-números situados en el corazón del universo difunden su vida en toda especie viviente, que los recibe según su propia naturaleza.

Toda persona está invitada a recorrer el camino que conduce desde la separatividad hasta la universalidad: un designio divino que debe realizar a través de varias etapas y desde diferentes perspectivas. Son otros tantos períodos de aprendizaje destinados a abrirle el camino hacia la madurez y hacia la elevación o el despertar.

Cuando seamos conscientes de eso, comprenderemos que todos los números son positivos y constructivos a través de sus vibraciones, y lo son en la medida en que el individuo es lo suficientemente maduro como para aceptar plenamente la acción del número en su vida. Puede extraer de ello una lección enriquecedora y contribuir así a la construcción de su naturaleza, que evoluciona día tras día hacia el despertar final del «Ser auténtico» que vive en él.

Si aceptamos esta realidad, basta con que nos decidamos a actuar, a superarnos de vez en cuando sabiendo que, si bien hay que dejar que se exprese la naturaleza humana que hay en uno mismo, la decisión pertenece al ser real. Toda persona se convierte así en el artesano de su propio destino y en dueño de sí mismo en cualquier circunstancia.

La impronta vibratoria de cada individuo se expresa a través de unos números que grabaron sus pulsaciones o sus notas de vida en el momento de su nacimiento al plano físico, al tomar un cuerpo concreto y un nombre determinado que lo distingue de los demás seres que le rodean.

Ese nombre es una clave vibratoria que manifiesta la síntesis de la identidad del ser.

Cada letra del alfabeto contiene y expresa un sonido perfectamente definido en tonalidad y profundidad, lo que indica que ese sonido no es más que la manifestación rítmica en el espacio de la forma con la que está en armonía. **Así, sonido y forma se convierten en el espíritu y el cuerpo del ritmo que existe en el corazón de la Única Vida.**

Para esclarecer el simbolismo de las letras que constituyen **La Palabra Creadora** a través del sonido y de la forma, las vinculamos a sus ritmos numéricos de la siguiente manera:

1	A	J	S
2	B	K	T
3	C	L	U
4	D	M	V
5	E	N	W
6	F	O	X
7	G	P	Y
8	H	Q	Z
9	I	R	

Cuando una letra corresponde a un número compuesto por dos polaridades según el orden estático del alfabeto, la unión de las dos polaridades es lo que expresa en realidad la esencia de dicho orden, que entra así de nuevo en el ritmo inicial del **1** al **9**.

Ejemplo:

La **J**, que es la décima letra en el orden estático del alfabeto, en su esencia real es la unión del **1** con el **0**, lo que la lleva de nuevo al **1**, que es su ritmo inicial:

	1	+	0	=	1		
La letra **S**:	1	+	9	=	10	=	1

y así sucesivamente para los valores de orden estático.

Así las traemos siempre desde la separatividad a la unidad de la vida expresada por el ritmo.

EL CÍRCULO DEL INFINITO

EL CERO

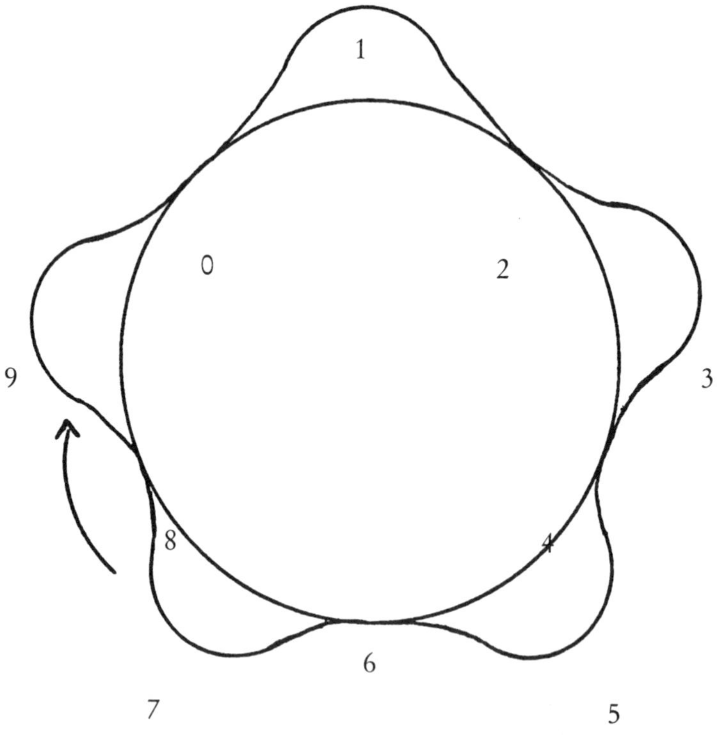

ASCENSO	DESCENSO
EXTERIORIZACIÓN	INTERIORIZACIÓN
EMITIR	RECIBIR
YANG	YIN

2. *El sentido de la década y su correspondencia alfabética*

El Cero: 0

¿Qué representa el Cero cuando aparece completando un número par o impar?

Es un potencial latente, no expresado, que produce el efecto de un espejo y, así, al poner frente a sí mismo al número que completa, multiplica su fuerza y le hace actuar bajo todos los aspectos y en todos los planos.

Ejemplo: el **1** es una energía de salida, de arranque, de acción emergente y creadora. Cuando va acompañado del Cero, esa energía se convierte en autocreadora, de modo que en el **10** expresa un renacimiento, al efectuarse la emergencia en él y por él.

Así, el Cero, ese círculo del infinito, nos revela su cualidad de autoconstrucción, y ayuda a los demás números a llevarla también a cabo. Pero, además, contribuye a expresar su naturaleza propia y su funcionamiento cósmico tanto interior como exteriormente.

La acción del Cero es diferente según que acompañe a un número impar o a uno par. Sobre los primeros, actúa como un catalizador de la energía creadora o emisora del número; es como un depósito en reserva para cuando el número decida expresarse o actuar.

Sobre los pares actúa de manera análoga; pero su presencia refuerza el «pozo» de la interiorización y la calidad de escucha del número al que acompaña. Cuando éste se expresa, el cero no hace más que abrir o ampliar los límites del «pozo», de modo que aparezca la imagen grabada por la escucha, y manifiesta ese estado de cosas.

Acompañando a un número, el Cero actúa como purificador. Vivifica sin cesar la acción del número, bien sea por emisión, bien por reflexión constante de la propia energía del número en el interior y en el exterior de sí mismo.

El Cero lleva al número a vivir su evolución constantemente vinculado con el infinito.

Pasando de un estado a otro mediante ese movimiento de autogeneración, siendo una vez emisor y otra receptor, manifiesta la vida y vivifica toda acción que parte de ella y vuelve a ella de nuevo.

EL CERO – 0 –

Ese círculo revela la búsqueda del infinito que comienza a desvelarse en los límites del espacio, pero que permanece inalcanzable en el tiempo.

El Cero forma parte a la vez de todo lo que está contenido en el círculo, sin ser realmente él.

Es el sentido auténtico de toda naturaleza cósmica o Divina. En sí misma constituye una entidad concreta y única; pero, fuera de sí misma, forma parte del todo, ya que lo completa y se realiza por él, como parcela elemental e indispensable a la vez de la ÚNICA VIDA que mantiene el Todo.

El círculo es la historia inevitable de la vida manifestada, ese infinito condensado, actuando como un solo cuerpo. Tiene un peso nulo a pesar de su apariencia plena, pero en realidad esa plenitud no es más que la coherencia y la armonía de todo el vacío consciente de su identidad. Es el vacío que ha despertado a sí mismo, sabiendo que su naturaleza no difiere de cualquier otro vacío; la única diferencia que lo distingue es que él lo sabe, lo acepta, pues lo comprende y lo tolera manifestándolo a través de la imagen del círculo. Esta forma no tiene principio ni fin, ni altura, ni profundidad, pues, en verdad, lo es todo a la vez en su esencia y en su naturaleza real.

El círculo es la naturaleza de toda especie divina que comienza su camino hacia la manifestación. Cuando toma conciencia de su especificidad, la naturaleza se separa indefectiblemente del círculo, pues empieza el largo camino de la individualidad. Cuanto más va esa naturaleza cósmica en busca de una identidad, más se impregna de ese papel. Termina por identificarse con el camino que emprende, olvidando en su búsqueda que, lejos de formar parte de ella, ese camino no es más que un trazado que ha escogido deliberadamente para descubrirse a sí misma.

Cuanto más evoluciona esa especie viviente, más se da cuenta de que el camino que ha emprendido no es más que un sendero que se va haciendo cada vez más estrecho a fin de traerla de nuevo hacia sí misma. Advierte en ese momento que no tiene nada en común con aquello con lo que quiso identificarse al principio. Es sencillamente una onda en la que vibra la vida y, por lo tanto, es semejante a todas las demás ondas.

Se da cuenta de que lo que hace su aparente diferencia es que ella es consciente, en todas sus entrañas, de reflejar la entidad cósmica. Puede pues dilatarse y unirse al Todo. Ella es el UNO por ósmosis con el Todo, sin perder por ello su propia vida.

A partir de ese momento, esa especie viviente se convierte en una entidad que ya no se identifica más que con su naturaleza real –la entidad cósmica– que mantiene el Todo sin cargar con su peso, su altura o su profundidad. Ha realizado en sí misma el sentido de la VIDA, libre como el aire, profundo como el océano y resplandeciente como el sol purificador.

Tal es el sentido del círculo llamado Cero, el que contiene a todos los números sin parecerse sin embargo a ninguno, pues difiere de ellos en su consciencia, en su naturaleza y en su funcionamiento.

1

A - א - I
LE MAGE

LA UNIDAD – 1 –

El número **1**, llamado la Unidad, por un lado revela a una gran entidad que engloba y dirige el todo, y, por otro, a una entidad singular en cuyo interior existe un germen creador que desvela las primicias de un árbol gigante con numerosas ramas y frutos vivos.

La **Unidad** es al mismo tiempo el principio y el fin cuando el Todo entra en armonía con su creador y le responde.

Es el AS del juego de cartas y el Mago del Tarot, el que detenta la clave creadora.

El **1**, energía solar, principio de vida, simboliza la primera inteligencia que pone en movimiento todo lo que se mueve.

Es la imagen del **hombre de pie** considerado en su esencia real, en lo que le distingue de las demás criaturas y hace de él una Individualidad. Esa dualidad aparente, pero indivisible, une a la vez Espíritu y materia, Inteligencia divina e instinto.

Es así como en esta Entidad, que es Una, lo paradójico de la forma sirve al mismo tiempo a la fuerza que la anima y a la integridad del Espíritu, que es también Uno.

Aplicación de la Unidad a la vida cotidiana

Vivir la energía de la Unidad en la vida diaria es saber decidir y asumir la propia decisión hasta la culminación de los acontecimientos.

Podemos plantearnos la cuestión siguiente: ¿Cómo podemos controlar o conocer un proyecto en su totalidad antes de emprenderlo?

Parece absurdo, pues no se puede controlar más que lo que se puede ver con ayuda de una visión global. Esto implica que tengamos el dominio, no la cadena interna del desarrollo de la acción, sino de la decisión de tomarla, sabiendo que esta decisión va a llevar consigo una multitud de reacciones sucesivas hasta el resultado del proyecto. Así pues, la fuerza del **1** reside en **la certeza de su capacidad de asumir las reacciones de su primera decisión**. Así es como el desarrollo de la acción lleva en sí mismo el germen de la fuerza de decisión que debe sobrevivir a todas las peripecias hasta conseguir el objetivo concebido al principio.

La naturaleza del **1** es la elevación, pues confía en su capacidad de impulso vivo y activo, sin retroceso, autogenerador en sí mismo.

La energía del **1** pierde su identidad una vez ha salido. Se abre así a la siguiente naturaleza que le espera para revestir una nueva identidad, mientras pasa momentáneamente por ella.

Cuando el **1** aparece acompañado de otro número, expresa la energía de decisión y de voluntad bajo diversos aspectos. En este caso, la energía creadora del **1** tiene en cuenta la naturaleza del número que completa y manifiesta. Dirige su naturaleza activa o pasiva, sin cambiar por ello su propia naturaleza.

Ejemplo: **12** (el cabeza de familia de ese número es activo, masculino, mientras que el número que lo manifiesta es pasivo, femenino).

La energía del **1** es autocreadora y actúa a través del cambio constante en su naturaleza, estando a la escucha, pero a cierta distancia y sin manifestarse. Así nos lo revela su acción interior. Decide y actúa en función de sí mismo.

El **1 es el Padre que propulsa la vida** en sus hijos. Cada uno de ellos, consciente de llevar en sí mismo el espíritu de su padre, que eleva y sublima su naturaleza, se convierte entonces en creador y responsable, como una entidad individual emanada del Padre celeste.

El sentido de la unidad en las letras A, J, S.

La **A**

Como manifiesta su forma, esta letra muestra un aspecto franco, una actitud directa, sin titubeos ni retrocesos.

El triángulo, con el vértice arriba, evidencia la unión entre los dos extremos mediante la intuición y la inteligencia que suponen la afirmación del hombre de pie, por encima de lo que constituye la dualidad de su naturaleza. Los dos lados que forman el triángulo lo fijan y aseguran su estabilidad, al mismo tiempo que lo atan al suelo para darle el sentido del realismo y renovar sus energías entre lo alto y lo bajo.

Es una letra cerebral, creadora, que arranca con autonomía y sabe dirigir sus acciones con inspiración, dinamismo y autoridad.

Frase clave de esta letra: Actuar con Arte y Agilidad.

La J

Su forma revela un impulso hacia lo alto que vuelve sobre sí mismo para asentarlo e integrarlo en su naturaleza suave y redondeada que se balancea, buscando el equilibrio entre lo alto y lo bajo.

Esa verticalidad se apoya sobre una base redondeada, y revela el camino recorrido esta vez en su propia naturaleza. La base estructural de su deseo es la comprensión del plano material a fin de unir globalmente lo alto y lo bajo, lo que impone apertura y receptividad.

Es una letra cerebral, oscilante, que pesa los pros y los contras de los aspectos de la vida, que exige pruebas para estar satisfecho.

El espíritu de iniciativa dirige su naturaleza hacia el avance y el progreso. La inspiración y la sociabilidad la empujan hacia delante a pesar de sus dudas; y la Unidad que percibe en su cabeza mantiene su rectitud a pesar de su inestabilidad.

Frase clave de esta letra: Juego el Juego de la vida con Justicia y Júbilo.

La S

Su forma completamente redondeada presenta un abertura hacia arriba que se refleja hacia abajo con las mismas dimensiones, como si su espiración fuera igual a su inspiración. Todo lo que capta del universo, lo integra, lo asimila y lo devuelve a su fuente.

Aspiración y espiración, evolución e involución, movimiento constante en el sentido de la vida que se autodirige.

Esa serpiente erguida representa, en su naturaleza y estructura, la vida del Infinito, el principio y el fin, la esencia del espíritu que desciende y asciende de nuevo en todo ser vivo a fin de unirse al Todo.

La Unidad está presente en la naturaleza de la S, pues las dos medias lunas abiertas una hacia lo objetivo y otra hacia lo subjetivo, son inseparables; están ligadas una a otra por su continuidad y expresan el poder de creación con sabiduría y bondad.

Es una letra afectiva, oscilante, que gestiona lo bajo mediante lo alto en función de la comprensión y asimilación personal de las energías celestes con las que está en constante relación.

Frase clave de esta letra: Con el Sí mismo Superior, voy puliendo con Sabiduría la Sordera de la ignorancia Sinuosa.

Valor rítmico de las tres letras:

A = 1, J = 10/1, S = 19/1.

El sentido de la unidad en la vida de los individuos

La unidad vibra y difunde su radiación en el universo.

Su reflejo se manifiesta en la personalidad del ser humano a través de las letras que componen su nombre, sus apellidos y su fecha de nacimiento, y a través de la interacción de todas esas vibraciones rítmicas transcritas a números.

Vibraciones del día de nacimiento

Si observamos la acción rítmica de la unidad como impulso inicial de la vida de un ser humano, podemos comprobar que se ha manifestado desde la primera vibración del día de nacimiento. Esa vibración actuará como fuerza propulsora, que se mostrará tanto más claramente cuanto más acceda el ser a la madurez necesaria para captar y comprender el sentido de esa vibración típica que lo ha escogido para manifestarse bajo su ritmo.

La UNIDAD se expresa de diferentes maneras, adoptando formas distintas para amoldarse a los diversos aspectos de la manifestación.

Así, la unidad se expresa a través de los números: **1**, **10**, **19**, **28**, etc.

El **1**

La energía de este número empuja al ser nacido en ese día a tomar decisiones con una seguridad y una autonomía que le permitan progresar sin titubeos.

Ese **1** de pie, la cabeza alta y los pies en el suelo, muestra el temperamento de un ser que organiza su universo con intuición e inteligencia. Su individualidad activa y original se orienta hacia la independencia y el mando. El gusto por la novedad le incita a tomar la iniciativa y a progresar.

Si esa individualidad tan decidida no armoniza clara y lúcidamente con la integridad de su propio SER, sus hermosas cualidades, en lugar de procurarle la alegría de *ser* con creatividad y entusiasmo, rozarán el egocentrismo y el orgullo.

Su divisa: Emito nuevas ideas.

El **10**

El ser nacido el día **10** muestra las mismas cualidades que el del **1**, aunque con mayor sociabilidad y apertura hacia las cosas y hacia los demás.

El 0 situado junto al **1** lo abre al universo y, mediante él, lo abre a sí mismo de manera objetiva y consciente frente a los acontecimientos.

El sentido de la renovación se transforma en renacimiento

pues, animado por el deseo de partir sobre nuevas bases, arrastra a todo su entorno.

Al ser nacido el día **10**: Son previsibles altibajos en su vida. El entorno, que refleja su evolución constante, hace que conserve la alegría de vivir al marcarle la dirección y los pasos a seguir para continuar progresando sin cesar.

Su divisa: Yo decido en el seno del Grupo.

El **19**

El ser nacido el día **19** está llamado a vivir la unidad en sí mismo a través de la realización del macrocosmos, el UNO en el todo y el Todo en UNO.

La creatividad y el progreso se efectúan a nivel individual y social a la vez. Cuando va hacia los demás y se pone a su servicio en caso de necesidad, se establece su propia individualidad en el seno de la gran familia humana. Eso no excluye las decepciones y desilusiones si el individuo espera el reconocimiento de los demás.

La lucha constante entre el pequeño Yo y el Sí profundo es necesaria y evolutiva, porque la sensibilidad y la intuición, que están muy desarrolladas en ese ser que vibra a la vez por el Uno y el Todo, efectúan en él un verdadero renacimiento que arrastra consigo un renacimiento colectivo.

La independencia social y afectiva le ayudan a progresar.

Su divisa: Deseo la evolución del Grupo.

El **28**

El ser nacido el día **28** manifiesta un temperamento más retraído que el del nacido el día **1**, pero esa pasividad es sólo aparente. Más reflexivo y atento a su entorno, siente la necesidad de ejercer su poder y su energía activa en el sentido físico y estratégico del término. Su evolución se efectúa gracias a su cualidad de escucha y de comprensión respecto a sí mismo y a su entorno, estableciendo un equilibrio de fuerzas entre lo alto y lo bajo. Siente la necesidad de viajar para aprender y le gusta practicar algún deporte para superarse físicamente. Así, sus energías se equilibran en todos los planos y en particular en el plano concreto y material. Lo caracterizan el valor y la perseverancia, es seductor y hábil en su comportamiento. La unidad de los valores es la lección que le espera en el camino de su evolución.

Su divisa: Competición y progreso.

Número de fuerza

El número de fuerza, tal como indica su nombre, es un potencial de energía plenamente presente en la naturaleza del ser humano. Requiere ser utilizado como fuerza de acción mediante la que deberían manifestarse el estado del ser y su comportamiento.

EL NÚMERO DE FUERZA corresponde a la primera Realización de la vida, que se revela claramente de modo concreto hacia los 29 ó 30 años.

El **1**

Cuando el **1** actúa como número de fuerza, indica al ser la importancia de individualizarse, de contar consigo mismo a la hora de tomar decisiones y de ir audazmente hacia delante, aunque sin arriesgarse a caer en el exceso de la vanidad y del orgullo.

EL NÚMERO DE FUERZA es igual a la suma del número del día + el mes de nacimiento.

2

B - ב - II
LE SANCTUAIRE

EL BINARIO O LA DUALIDAD – 2 –

Es una vibración que surge de la esencia inicial y expresa su resonancia.

El **1** existe por su presencia; el **2**, rubrica la realidad de esa presencia, manteniéndose fuera de ella para observarla, comprenderla y contenerla.

Si el UNO llama, el 2 responde. Así, la respuesta se inscribe en la llamada, la acepta y perpetúa su impacto.

El sol brilla, y la luna difunde su existencia perpetuando sus ondas para que puedan incrustarse en las zonas más profundas y en las más oscuras.

El Binario ofrece su ser al germen inicial –permitiéndole así que sea fecundado–, le ofrece una matriz que lo alimenta, le da calor y lo hace madurar hasta que pueda exteriorizarse.

Es la reina que vela en silencio y con lucidez para mantener la fuerza y el espíritu del Rey.

Aplicación del Binario a la vida cotidiana

En la vida diaria, el Binario expresa la cualidad de acogida y de receptividad. Cualidad que abre las puertas de la comprensión y de la sabiduría, expresadas conjuntamente por reacciones adecuadas al momento presente.

Si no se tiene en cuenta esa realidad, aparece la dualidad, y en consecuencia el conflicto, la separatividad y la ausencia de vida.

Cuando el Binario no expresa el equilibrio y la continuidad, aparece la Dualidad y pone de manifiesto la oposición o la contradicción.

La aceptación de lo que es, muestra un aspecto de la vida

tal como ésta se expresa, y borra la noción del bien y del mal porque ambas nociones se convierten en algo experimentado, es decir, necesario para la realización global.

La fealdad ratifica la ausencia de belleza. Por el contrario, el equilibrio y la cohesión irradian una fuerza armoniosa que excluye la separatividad entre una hermosa apariencia y otra menos bella.

El varón y la mujer no expresan la fuerza y la debilidad, sino más bien los 2 polos complementarios que muestran al ser humano en sus aspectos divinos, reflejados por la inspiración y la espiración, por la receptividad y la emisión.

El Binario vive entre uno y otro para comprender, colaborar y armonizar. No le corresponde a él decidir, sino más bien llevar a cabo.

El Binario es la esencia de la madre Tierra, la que da calor, protege y alimenta a sus hijos que vienen a ella con respeto y amor; multiplica lo que le ofrecen y les devuelve abundantemente sus frutos.

El Binario representa la pareja perfecta que se comprende y se completa en su estado de ser y en su función.

ESTA COMPRENSIÓN Y COMPLEMENTARIEDAD VAN REVELÁNDOSE A MEDIDA QUE SE RECONOCEN UNO AL OTRO EN SU INTEGRIDAD.

Reconocimiento que se efectúa en el Santuario silencioso del corazón.

CUALESQUIERA QUE SEAN, LAS APARIENCIAS NO VELAN NUNCA LA VERDAD PRESENTE EN EL CORAZÓN DE LAS COSAS.

Esa esencia vibratoria que refleja la feminidad de lo Divino, su sensibilidad y su apertura, se expresa a través de las letras alfabéticas de orden rítmico Binario, tales como:

B - K - T

La **B**

Tiene la forma de 2 depósitos que descansan uno sobre otro y ambos se apoyan sobre un bastón recto, situado a su izquierda, que mantiene todo el cuerpo en pie y expresa su impulso vertical.

Los 2 depósitos representan el sentido de la propiedad, es decir, de cierto conservadurismo respecto a las riquezas físicas y mentales.

Por su suavidad y su flexibilidad, la **B** se abre al otro, aprendiendo así a adquirir seguridad y confianza en sí mismo. Apoyándose después en la columna vertical, esta letra irradia su fuerza interior volviéndose hacia el otro para escucharlo y prestarle su apoyo, su propia paz interior y su amor.

Es una letra afectiva, oscilante, que necesita seguridad para volver a confiar y avanzar sin reparar en los obstáculos.

Frase clave: Con Beatitud y Belleza, Barro los Bloqueos y la Bobería buscando la Bondad y la Bienaventuranza.

La **K**

Tres ángulos, uno de ellos abierto hacia arriba, el segundo hacia abajo y el tercero hacia el exterior, los tres unidos en un solo punto en el centro de la columna vertical.

Esta letra manifiesta la importancia de la apertura, de la comunicación y de la emisión en todos los planos.

Por su apertura hacia lo alto, recibe unas revelaciones que transmite a los que le rodean y, por encima de eso, al plano concreto material.

Es una letra de acción y de movimiento cerebral e intuitivo que aporta siempre nuevas concepciones para poner en práctica.

Su fuerza y su trabajo residen en su verticalidad: el sentido de su rectitud se expresa por su mirada dirigida constantemente hacia el cielo, sin lo cual las tensiones, los conflictos, la arrogancia y el egoísmo podrían convertirse en una amenaza por falta de sensatez.

Frase clave: Colaboro Conscientemente con Conocimiento y Coraje.

La **T**

Un trazo vertical lleva en su centro el horizontal. El primero contribuye a la elevación de la dimensión horizontal y el segundo permite el equilibrio y la estabilidad relativa, haciendo la elevación accesible y provechosa en el plano concreto material.

Manifiesta una verdadera búsqueda del equilibrio en todos los planos, oscilando entre la receptividad y la emisión, y deseando actuar de manera correcta y equilibrada.

Es una letra que apunta a lo alto y mantiene con su esfuerzo la altura espiritual y material, con gran apertura y facilidad para colaborar con los demás, lo que le abre las puertas de la integración y de la celebridad.

Es una letra afectiva, oscilante, constantemente a la búsqueda del restablecimiento de la paz y del equilibrio.

Frase clave: Soy el Terapeuta que Traza con Telepatía y Tolerancia el lazo de unión entre Todos y el Todo.

Valor rítmico de cada letra:

B = 2 , K = 11/2, T = 20/2

Vibraciones del día de nacimiento

Como hemos visto antes, el impacto de la vibración del Binario prosigue su emisión y su vida siguiendo el ejemplo de la acción rítmica de la unidad en la vida de los Seres.

La acción rítmica del Binario tiene su efecto, de una manera u otra pero siempre de forma evidente y característica, sobre todo ser nacido bajo su vibración.

El impulso Binario se manifiesta en los días: **2, 11, 20, 29**, etc.

El **2**

El nacido el día **2** es un ser sensible, dulce, que busca la armonía en su entorno. Será pues conciliador y aceptará ceder su puesto para ayudar a otro o para obtener su adhesión y su amistad.

Esa vibración de prestar atención a los demás, de quietud, es una hermosa cualidad para quien sabe vivirla conscientemente y comprende su utilidad. De lo contrario, el ser la sufrirá resignadamente como una coacción. Necesitará a los demás para que le estimulen y le den seguridad. Corre pues el riesgo de sufrir grandes decepciones y de convertirse en un ser susceptible y titubeante, bloqueado por esa actitud. Para alcanzar su plenitud, necesita compartir con alguien su vida: desempeñará su papel de cónyuge y de cómplice con comprensión y amor.

Se le darán muy bien las asociaciones profesionales si está rodeado de personas competentes y seguras de sí mismas.

Su divisa: Colaboro con tranquilidad.

El **11**

El ser nacido el día **11** es un tipo de emisor *yang* con una manera de proceder *ying*, que se adapta y colabora, porque también sabe prestar atención a los demás y tener apertura en todos los planos.

Es seguro de sí mismo, su fuerza se basa en su propio temperamento; es capaz de decidir e impulsar los acontecimientos, cambiándolos y vivificando todo cuanto debe ser vivificado.

La vibración Binaria del **11** actúa de manera constructiva y elevada debido a que las dos polaridades de este número son iguales, de pie codo con codo para edificar un canal abierto entre el cielo y la tierra.

Esto revela la naturaleza mediúmnica del nacido el día **11**. Recibe de arriba, y da abajo, en el plano concreto, con afectividad y dulzura, a los que le rodean y confían en él –incluso si no siempre sabe manifestarlo.

Su vida necesita un discernimiento espiritual que le permita comprender y amar ese papel de emisor celeste para ayudar y guiar a los demás. De lo contrario, corre el riesgo de que el orgullo y la superficialidad se instalen parasitariamente en su vida y le conviertan en alguien impaciente, egoísta y destructor.

Su divisa: Transmito con fuerza y amor lo que sé verdaderamente.

El **20**

Por la manera que tiene de interesarse por los acontecimientos y por los demás, escuchándolos, comprendiéndolos y amándolos, el nacido el día **20** muestra ser un enamorado del universo.

Como el nacido el día 2, necesita una vida de alianza y de colaboración, pero con mayor apertura, porque la globalidad y el enriquecimiento son condiciones necesarias para que sus asociaciones sean un éxito.

Es un ser a quien le gusta observar para aprender, y hace que su entorno se aproveche de su visión de las cosas y de su experiencia. Así que le gustan los viajes y las experiencias nuevas. Su curiosidad le atrae hacia todo lo que resulta interesante hacer, hacia las experiencias que pueden vivirse de manera general y desprendida para poder ir más allá. De lo contrario, se arriesga a perderse entre las numerosas posibilidades de elección y no llevar a cabo nada realmente. Necesita comprender que el otro es un espejo para corregir su propia debilidad y no reflejarla en su entorno.

Su divisa: Me gusta observarlo y experimentarlo todo para que mis amigos se aprovechen de ello.

El **29**

El nacido el día **29** es un ser afectivo y tolerante. Vibra por el otro, gracias a lo cual la noción del Todo se revela a su ser y a su comprensión.

Como el nacido el día 11, toda su naturaleza está orientada a escuchar al gran Todo para captar, comprender, aprender y ayudar a los demás a sanar y a iluminar.

Su natural receptivo, tipo *yang*, se esfuerza por concebir con inteligencia la ayuda a los demás.

Su deseo de ayudar y de aconsejar puede transformarse en

una pasión insensata poniendo de manifiesto un comportamiento altivo y exclusivo si esa falta de sensatez no le permite aplicar la lucidez y la moderación.

La Realización del nacido el día **29** se manifiesta sobre todo en la edad madura, pues sabe dirigir con discernimiento las vibraciones de amor universal que actúan en él.

Su divisa: Quiero con todas mis fuerzas ayudar y aliviar al mundo con valor e inteligencia.

Número de fuerza

Cuando el Número de fuerza del ser es el **2**, lo invita a **escuchar y a abrirse a sí mismo** antes de proyectar su visión hacia el exterior.

Esto engrandece su ser y le hace madurar profundamente. Cuando se abre a los demás, vibra también con una comprensión y una escucha real que contribuyen a su evolución.

Toda su fuerza reside en su cualidad de **escucha**, que debe vibrar en primer lugar en su interior para poder reflejarla después al exterior sin sufrir la influencia de elementos superficiales, es decir, ilusorios y engañosos.

3

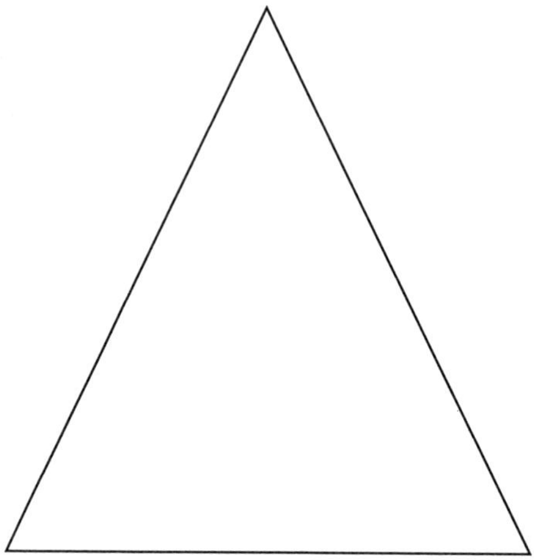

EL TERNARIO – 3 –

Hijo de la Unidad, unidad en el espíritu y unidad en el cuerpo, reúne y fusiona el 1 con el 2.

En efecto, el espíritu del Padre se une con el corazón y el cuerpo de la Madre, y encarna al hijo como fruto de esa unión.

Germen del padre y amor de la madre, el Hijo manifiesta la síntesis de los 2 polos opuestos. En él se anulan las contradicciones, es decir, se efectúa el perdón.

Si el Padre quiere manifestarse y vivir su manifestación, engendra al Hijo, que sale de su seno. Es una individualidad plena, que exterioriza la Vida emanada del Padre.

El Hijo es también el testimonio del amor del Padre por el ser que ha aceptado recibirle, protegerle y velar por la realización de su germen creador, la Madre terrestre, o, sencillamente, el 2° polo de la primera entidad divina.

La vibración del Ternario es una onda de salud, de armonía. Revela el fruto de los esfuerzos emprendidos en la ruta de los 2 caminos; el 3° es necesariamente el de en medio, que expresa el fin y la vida de los dos primeros.

El Ternario revela también el sentido del concepto y la necesidad de exteriorizarlo para llevarlo a cabo. Si el Hijo no existe, es que el Padre no se ha revelado, su espíritu permanece entonces inalcanzable, es decir, estéril; por el contrario, cuando se ha revelado el Hijo, su verbo o su palabra dice: YO SOY EL QUE SOY; DOY TESTIMONIO DE MI PADRE Y EL PADRE ESTÁ EN MÍ; NADIE CONOCE AL PADRE, YO SOY QUIEN LO REVELA.

Este testimonio no es otra cosa que la Vida manifestada y, en ese sentido, se santifica y vivifica el concepto o el espíritu.

Canalizado y expresado, se convierte en operativo, es el ESPÍRITU SANTO que actúa en todo lo viviente.

Aplicación del Ternario a la vida cotidiana

En la vida diaria, la vibración del Ternario se expresa en lo que ES en verdad; la realidad presenta o bien la idea y su expresión, o bien su dilatación en la forma.

Eso explica por qué se juzga al árbol por sus frutos; basta observar y constatar lo que ES.

La vibración del Ternario expresa la Alegría de ser, la lozanía y hermosura del nacimiento, ese capullo que anuncia la prosperidad y la continuidad. Si el ser humano sabe centrarse escuchando lo que realmente es, vive la autenticidad y la sencillez al mismo tiempo, pues el germen divino que hay en él se exterioriza en ese momento con fuerza y eterna juventud.

Si, por el contrario, el ser humano, teniendo en cuenta las apariencias, persiste en alimentar la imagen externa que se hace de sí mismo y de los que le rodean, pierde su energía vital y se dispersa. Se convierte entonces en mentiroso y vanidoso, expresando así su propia mentira y su superficialidad.

El Ternario es la comunicación clara y auténtica entre las diferentes partes con el fin de encontrar un punto de convergencia real.

Esa comunicación se efectúa por la observación y el reconocimiento de la **realidad del uno y del otro, a fin de establecer una tercera realidad mediante la cual uno y otro puedan alcanzar su pleno desarrollo.**

El Ternario representa al ser humano, que une en su naturaleza el cielo y la tierra.

Es la comunicación real entre dos dimensiones distintas.

Las vibraciones del Ternario se expresan a través de cada una de las letras del alfabeto que tienen ese orden rítmico. Y así es como, a través del sonido, el ritmo se transforma en palabra creadora.

Las letras que vibran por el **3** son: **C, L, U.**

La **C**

Esa luna creciente, abierta a sí misma por un lado y mostrando por el otro una espalda redonda, representa al meditante que se inclina sobre sí mismo para comprender lo que ocurre. Después, a través de esa misma naturaleza, transmite todo lo que ha adquirido revelándolo a quienes le rodean. Su aspecto, dulce y afable, atrae el interés y la simpatía de los demás, que beben en él como en una fuente de agua fresca y purificadora.

Esta letra muestra la inspiración y la espiración en acción, lo que manifiesta su espontaneidad y su juventud.

Es una letra intuitiva –corresponde al elemento fuego– que capta por su inspiración, transforma en su vientre el mensaje recibido y lo transmite a través de la espiración bajo un aspecto concreto, sólido y original a la vez.

Su divisa: Comunico mi suerte de Captar y de Crear con Continuidad.

La **L**

Su forma expresa una pendiente profunda, asimilación y emisión. El trazo vertical trae de lo alto toda vibración de orden universal, la dirige hacia abajo y, después de detenerse en un punto, un punto de contemplación, continúa hacia el plano concreto, material, a través del trazo horizontal que forma la base de la **L**.

Ese descenso del espíritu a la materia revela un modo de ser curioso, que se interesa por todo para servirse de ello y difundirlo después.

Su necesidad de comprender las cosas exige cierto sentido de la observación, con una perspectiva no exenta de titubeos y de desconfianza. Su acción se manifiesta cuando la dualidad que hay en él ha encontrado un punto de convergencia.

Ese largo descenso de lo vertical hacia lo horizontal revela cierta lentitud de asimilación, necesidad de tiempo para captar el sentido concreto de la vibración abstracta mediante el análisis y la crítica constructiva.

El temperamento comunicativo de la **L** se manifiesta bajo un aspecto aparentemente abrupto, ya que no se dibuja en ella redondez alguna. Es una letra cerebral –corresponde al elemento aire– que transmite su pensamiento a lo concreto.

Su divisa: Con Lentitud y Lealtad, transmito el Lenguaje a la Luz de la Libertad.

La **U**

Esta forma de receptáculo, totalmente abierto hacia el cielo, está contenida en sí misma, de modo que su vida está orientada hacia su propia existencia y hacia su entorno. Los que tienen sed no tienen más que venir a esa copa que forma la **U** a saciarse.

Es una receptividad activa y emisora al mismo tiempo, por lo que es purificadora para sí misma y para los demás.

Aunque no llega a captar el lado prosaico de las cosas, su apertura revela un espíritu curioso, dispuesto a absorber conocimientos. Su mirada se dirige hacia lo alto, de modo que la elección decisiva la hace la voz interior de la intuición.

La **U** puede revelar un temperamento fogoso, que necesita el contacto con la tierra para volcar en ella el exceso de energía y «estallar» al aire libre.

Es una letra intuitiva, oscilante, que duda en su expresión al tener redondeada su base, es decir, es inestable e «indirecta».

Su divisa: Soy Único y Universal al mismo tiempo, Utópico para algunos y Útil para otros.

Estas tres letras vibran con el ritmo del Ternario:

C = 3 , L = 12/3 , U = 21/3

Vibraciones del día de nacimiento

Cuando la vibración del Ternario es el ritmo propulsor del día de nacimiento de un ser vivo, actúa bajo diferentes aspectos.

El **3**

El ser nacido el día **3** es de natural alegre, apasionado, espontáneo y despreocupado. Manifiesta la alegría de vivir, la frescura y la belleza natural.

Le gusta exteriorizarse con su entorno a través de la creatividad, de la comunicación, de la risa y de la diversión.

Todo esto tiene lugar con ayuda de la protección espiritual mientras siga siendo él mismo y no se apodere de él la pasión o se deje avasallar por la imagen que quiere dar de sí mismo. Su intuición le ayuda entonces a no desviarse pese a su exteriorización.

De lo contrario, el nacido el día **3** corre el riesgo de dispersarse y de convertirse en un ser superficial y arrogante, por los aires que se da para proteger la falsa imagen que cultiva inútilmente. También corre el riesgo de causar destrozos por su precipitación.

Frase clave: Expreso lo que soy.

El **12**

El ser nacido el día **12** está a la búsqueda de sí mismo para expresar luego su naturaleza e irradiarla a su alrededor.

Su aspecto emisor *yang* le conduce interiormente a decidir, a crear, a renovar y a tener autonomía.

Su aspecto receptor *ying*, manifestado por el 2, actúa exteriormente sobre su naturaleza de observador capaz de ponerse a la escucha, para someter primero al análisis interior cuanto recibe y transmitirlo después al exterior.

Ese aspecto *ying*, pasivo, corre el riesgo de convertirse en un bloqueo si no se efectúa interiormente el trabajo de renacimiento. En efecto, escuchar exclusivamente el exterior en detrimento del emisor interior, donde se deja oír la voz de la intuición, entraña el riesgo de dispersar al ser y sumergirlo en una superficialidad que bloquee su verdadera naturaleza. Ese ser sensible, dulce, interesante e interesado en comprenderlo y conocerlo todo, expresa difícilmente lo que siente y su alegría puede transformarse en depresión si lleva una vida contra su naturaleza.

Frase clave: Me abro a mí mismo para ser plenamente consciente de mi experiencia y para poder transmitirla.

El **21**

El ser nacido el día **21** difunde a su alrededor todo lo que resuena en su corazón. Es el transformador que trabaja siempre con un fin constructivo, agradable y alegre en su comportamiento, lo que le ofrece muchas oportunidades.

Es un buen receptor debido a su natural intuitivo que capta la emanación de lo que le rodea, y un buen emisor a quien le gusta exteriorizar todo el saber adquirido con originalidad y convicción.

Su naturaleza alegre y espontánea le atrae la amistad y la simpatía de los demás, y una cierta admiración por su lozanía mental y física.

Es, pues, un ser de movimiento y de acción constantes, a quien le gusta abordar todos los temas con inteligencia, sin profundizar necesariamente en ellos.

Esa frescura y juventud constantes expresan un renacimiento global en su mundo, que se efectúa de manera constructiva cuando el ser expresa su fondo real, sin dispersarse. De lo contrario, se arriesga a vivir apasionadamente, privado de sensatez, o a convertirse en un ser superficial y desvitalizado.

Frase clave: Exteriorizo mi potencial vivo a todos los que me rodean.

El **30**

El ser nacido el día **30** es un creador nato. Expresa su natural observador frente al universo, que le atrae al mismo tiempo que le fortifica con sus riquezas.

Como el nacido el día 3, es alegre, sociable, pero con una madurez más profunda e inteligente que le orienta hacia buenos resultados.

El universo que manifiesta el cero exterioriza la vida del 3 con un espíritu de síntesis universal, adquirido y puesto en acción.

Eso revela una naturaleza creadora, que ama la belleza, y la exterioriza con sabiduría, sin precipitación.

Integra y manifiesta el sentido de la armonía del movimiento, pues al nacido el día **30** le gusta moverse y construir con los demás sin herir el equilibrio interior de nadie. Lo que se lleva a cabo cuando sigue siendo él mismo frente al universo y no deja que le agite el movimiento exterior.

La vibración de madurez se revela cuando el ser ha hecho sus experiencias de aprendizaje.

Si no se centra, se arriesga a verse arrastrado por un enorme torbellino que lo desvitalizará y le impedirá resplandecer.

Frase clave: Soy el centro del círculo, lo observo y lo mantengo para que continúe viviendo e iluminando a su alrededor.

Número de fuerza

Cuando el **3** actúa como número de fuerza en la existencia del ser, le invita a salir de sí mismo, a exteriorizarse y a manifestar su temperamento y sus aspiraciones para aprender el sentido real de la apertura y de la comunicación a través de esa exteriorización.

Toda su fuerza reside en esa apertura real, llevada a cabo con toda *sencillez, claridad y autenticidad en cualquier circunstancia*.

4

EL SER HUMANO, GOBERNADOR DE LA MATERIA

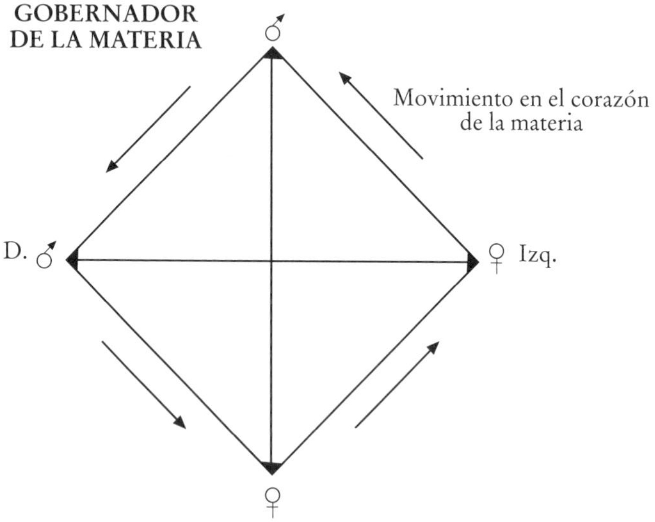

4

El Tetraedro

La materia y su verticalidad

EL CUATERNARIO – 4 –

Cuando la Unidad encuentra de nuevo al que la recibe, al que la protege, al que la hace fructificar y la revela, entonces nace el Cuaternario en la manifestación realizada.

Es la realidad emanada del seno de la Unidad.

El Cuaternario canaliza y envuelve al mismo tiempo la energía de vida de la primera concepción. Le da cuerpo. De ese modo, lejos de estar perdida su trayectoria, se inscribe y se revela en esa nueva naturaleza materializada e inmutable.

El Cuaternario es, pues, el primer cuerpo sólido del universo, el que contiene la esencia de vida uniendo todos sus aspectos: el fuego, el líquido, el gaseoso y, finalmente, el sólido que, manteniendo y manifestando el conjunto, sublima el todo. Gracias a su existencia, todos los demás elementos se armonizan en una alquimia de potencialidades donde se revela una clave vibratoria que guía al que sabe utilizarla. (Figura del Tetraedro.)

El Cuaternario muestra los 4 elementos reunidos en una forma concreta; es el Cuadrado de la Materia que abraza al mismo tiempo la verticalidad y la horizontalidad. El Cuadrado lleva en su corazón una Cruz fija, equilibrio entre el Norte, el Sur, el Este y el Oeste, los 4 puntos del espacio visible. Esa Cruz describe el movimiento que engendra el Rombo en el Cuadrado. El Cuaternario actúa en la vida de cada instante, poniendo de manifiesto nuestro cuerpo físico y sus reacciones frente a los acontecimientos y frente a todo lo que le rodea.

Aplicación del Cuaternario a la vida cotidiana

Ese cuerpo concreto, físico, muestra también el cuarto reino de la naturaleza –el humano– que, en su propia constitución, encarna todos los reinos. Aporta el mensaje de la síntesis y de la complementariedad entre todos los reinos que lo componen.

Además, el Cuaternario nos revela la realidad de cada espacio, llamándonos a aceptarlo y a comprenderlo, y nos guía hacia lo que debe ser para que, sin ceder a nuestros impulsos o ilusiones, continúen existiendo el equilibrio y la vida.

El mensaje del Cuaternario consiste en observar la realidad para saber construir y edificar con todo lo que se manifiesta en el momento presente.

La realidad de cada momento es siempre única en su naturaleza, lo que nos ayuda a no materializarnos y encerrarnos en la forma construida en un momento determinado. En efecto, en cuanto la forma se ha realizado verdaderamente, su realidad profunda cambia de función. Así, su vida interior permanece siempre joven y regeneradora.

El Cuaternario encarna en la sociedad el núcleo familiar equilibrado, el que une padre, madre e hijos. Su vida y su vibración reflejan a escala reducida la vibración del gran núcleo universal. La pequeña familia vive así en resonancia con la gran familia cósmica, pues cada miembro de la pequeña familia tiene su lugar y su función concreta en el núcleo familiar.

La vida del Cuaternario trae a la esencia y a la vibración de la Unidad.

Las letras que vibran mediante el ritmo Cuaternario son: **D, M, V.**

La **D**

Su forma muestra la composición del primer cuarto de círculo, la verticalidad unida a la horizontalidad por un arco de círculo. El arco presenta una curva que envuelve una fuerza activa, una matriz en el centro que capta y genera su propia vida, de donde procede una naturaleza sólida que expresa la estructura de síntesis, es decir, que ejerce su acción en su corazón, en su espíritu y en la materia.

Es un núcleo vivo que condensa y expresa la vitalidad de manera concreta, visible e inmutable.

Su mirada y sus esfuerzos, empeñados en desembocar en unos resultados concretos y en una perfección final, podrían retrasar el comienzo de las cosas y bloquear el impulso de la acción. Ese retraso traduce el tiempo que esta letra necesita para liberarse de la sujeción al resultado deseado, sujeción causada por ideas preconcebidas.

El Cuaternario le invita comprender su naturaleza concreta, que refleja una realidad coherente. Siendo niño, su cuerpo se alimentaba con leche y eso le bastaba; una vez asimilado, ese alimento le aportaba nuevo saber, y el cuerpo, más maduro, reclamaba otro sustento que alimentara su crecimiento. De la misma manera, esa realidad no se paraliza en un aspecto determinado, sino que cambia a cada instante.

Es una letra estable, pragmática; expresa la necesidad de actuar, de propulsar realizaciones que desemboquen en resultados coherentes y satisfactorios.

Para comprender la verdadera vida que anima esta letra, hay que procurar no estar atado a la forma aparente.

Frase clave: Defino mi Decisión antes de hacer de ella una Determinación y de Demostrarla fuera de mí.

La **M**

Presenta un cono abierto que transmite y concreta en la materia lo que percibe en el cielo. Con la base clavada en el suelo, esta letra está en pie, como si el grado de estabilidad que le hará avanzar y progresar dependiera de mantener altas la mirada y la reflexión. Esa estabilidad, buscada y deseada, afirma la madurez de esta letra de manera completa, concreta y realista. Es de natural observador, curioso de aprender, de comprender para comunicar después su saber. Desconfía de los compromisos, esperando ver, decidir y actuar. Gracias a su capacidad de observación, capta el sentido coherente de las cosas y puede expresarlo después. Le gustan los placeres y las distracciones y el bienestar concreto y material, pero su forma no tiene flexibilidad ni redondez, y esa rigidez física se expresa a través de una tenacidad en las ideas que modera el constante movimiento. La liberación de sus energías la dispone a abrirse y a recibir.

Es una letra fija, sólida, que actúa lentamente pero con seguridad cuando persigue determinados fines.

Frase clave: Mantengo los Móviles hasta la Madurez y hago de ello una Materia Motriz y una Morada Merecida.

La **V**

Es un cono que se abre hacia el cielo.

Representa la receptividad del Cosmos, que necesita tanto interior como exteriormente. Es la apertura de la inspiración y de la espiración a la vez, porque ahondando hacia el interior, la apertura requiere un aporte constante de energía.

Una vez integrada esa energía, manifiesta su acción en todo el cuerpo que siente la necesidad de exteriorizar su nueva fuerza.

Así la libera, creando otra vez un vacío que atrae nuevas energías. La acción de inspirar y espirar regenera y muestra cómo se manifiesta la vida en la materia, como las alas del pájaro, que se abren para elevarse y, abriéndose, transportan su cuerpo, motor y centro de estabilidad del impulso.

Es una letra que aspira a la elevación y a la búsqueda de grandes ideales, para experimentarlos y transmitirlos al plano concreto material.

Las vivencias y la experimentación son importantes y necesarias para comprender la legitimidad de las energías recibidas de lo alto.

Es una letra intuitiva, del elemento fuego, que vibra a alta tensión.

Al no tener redondez alguna en su forma, le falta flexibilidad. Su equilibrio depende de que transmita correctamente sus aspiraciones construyendo con los demás y regenerando así su condición de canal activo en todos los planos con seguridad y grandeza de miras.

La vibración de la **V** puede llevar al nerviosismo y a la destrucción si no se vive el equilibrio entre lo alto y lo bajo, pues, al no tener madurez interior y experiencias llenas de vida, la vibración se recibe e integra mal.

Frase clave: Veo y Vivo en la materia con las Verdades de los planos sutiles que llevan sus Vibraciones a través de mi ser Viviente.

Valor rítmico de cada letra:

D = 4, M = 13/4, V = 22/4.

Vibraciones del día de nacimiento

Cuando el Cuaternario actúa como fuerza propulsora del día de nacimiento, le comunica al ser sus vibraciones de realismo y solidez, vibraciones que envuelven y contienen la vida del Espíritu y la del Alma de la Unidad.

El **4**

El nacido el día **4** es un ser de constitución sólida.

Es la reproducción del Cubo, bien asentado sobre su base, o del Tetraedro.

La pirámide de tres caras refleja el acuerdo y la comprensión entre sus dos polos, el masculino y el femenino, formando un solo cuerpo unido que actúa en las **4** dimensiones.

El nacido el día **4** necesita concretar y ver el fruto de sus esfuerzos. Le caracterizan el gusto por el trabajo y el movimiento físico. Realista y pragmático a veces en su manera de ver las cosas –para convencerlo hay que darle pruebas– es un conservador, organizado y práctico en sus métodos. Para evitar estancarse en sus impulsos, el nacido el día **4** necesita liberar su mente respirando profundamente en la Naturaleza.

Desde el punto de vista energético y concreto, la Naturaleza es, en efecto, un libro abierto en el que, con buena voluntad, puede aprender y comprender el sentido de la Vida que anima la materia.

Su divisa: Trabajo con precisión y constancia para comprender y disfrutar del fruto de mis esfuerzos.

El **13**

El ser nacido el día **13** es un trabajador más original, con amplias ideas, poco realista en sus métodos, siempre en movimiento a la búsqueda de novedades que le permitan expresarse concretamente.

La vibración del 1 encarna el papel principal, y actúa como energía motriz que empuja al nacido el día **13** a tomar decisiones, a afirmarse y a progresar en su conducta con una seguridad en sí mismo y una fuerza que le ayudan a vencer los obstáculos.

La vibración del 3 caracteriza las decisiones tomadas con delicadeza e inteligencia, y, en el plano concreto, se expresa por la habilidad de conciliar los extremos, armonizándolos suavemente y sin brusquedad.

El Cuaternario le invita a disciplinarse para canalizar sus esfuerzos y desembocar así en resultados constructivos.

Su divisa: Expreso en la materia lo que aprendo del entorno y disfruto comunicándolo con gusto y habilidad.

El **22**

El nacido el día **22** vive y expresa sus energías con gran sensibilidad, con suavidad y un espíritu de colaboración a gran escala.

Este número, doblemente Binario, da al que lo vive un natural mediúmnico, que capta y difunde en su entorno la resonancia de lo captado.

El primer **2** refleja la escucha interior.

Su apertura innata hace que esté presto a recibir, a captar y a integrarlo todo en su ser profundo.

El segundo **2** afianza esa escucha mediante una transparencia exterior y una sintonía que pone de manifiesto el trabajo adquirido en el corazón del ser.

Sabe escuchar, pero necesita que trasluzcan sus elevados conocimientos en todos los campos, construyendo con los demás en el plano concreto y material, y exteriorizando así su condición natural.

Su gran sensibilidad puede hacer que se implique emotivamente en los acontecimientos. Necesita, pues, respirar bien, y hacer el vacío mental y emocional y descargarse de su peso.

La vibración de este número implica la necesidad de una vida de profundización y de búsqueda interior correcta, filosófica y elevada. Por eso el ser nacido el día **22** puede administrar sabiamente el flujo de la gran energía que se vuelca en él, y vivir positivamente.

Su divisa: Construyo en el universo con mi propio potencial, viviendo y creciendo al expresarlo.

El **31**

El nacido el día **31** es un ser que actúa con una gran movilidad mental y física, y se exterioriza con seguridad en sí mismo, buen humor y destreza.

El primer polo de ese número le empuja a moverse, a buscar, a comprender, a conocer y a adquirir una multitud de conocimientos que comunica a los demás con inteligencia y sutileza.

El segundo polo expresa la rectitud y habilidad para ir hacia delante venciendo los obstáculos y brillando en el mayor número posible de campos culturales y físicos.

Su vibración es la de una persona dinámica y audaz, que asume varias responsabilidades a la vez. Le sonríen el éxito y su buena estrella a condición de que sea Auténtico y no se deje llevar por las apariencias y los criterios superficiales.

El plano concreto material le ofrece un gran campo de expresión y de experimentación que le lleva a comprender su propia naturaleza.

El Cuaternario lo despierta al sentido de las realidades y

hace que su energía activa desemboque en un objetivo pleno de coherencia.

Su divisa: Comunico, me expreso y me exteriorizo en un plano concreto yendo siempre hacia delante.

Número de fuerza

Cuando el Cuaternario actúa como número de fuerza, invita al que lo vive a comprometerse en la vida de manera concreta, visible. Le empuja a **darse cuenta de la utilidad de la manifestación en las formas** y a desempeñar su papel, que consiste en mantener viva la energía activa.

Toda su fuerza reside en su **compromiso efectivo y práctico** en la vida cotidiana, realizando con **paciencia y esmero incluso las pequeñas tareas concretas** de la existencia. No debe, sin embargo, convertirse en un maniático perdiéndose en pequeños detalles. Así refuerza **sus raíces** y hace descender plenamente sus energías sutiles, iluminando de manera clara y coherente sus gestos y su comportamiento.

5

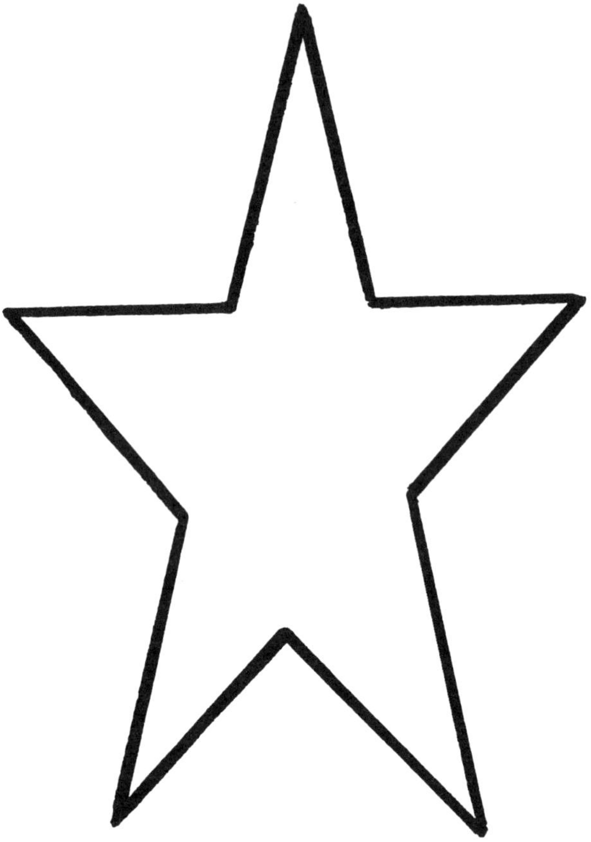

EL QUINARIO – 5 –

Cuando la energía de la Unidad toma cuerpo para manifestarse, la acción de su esencia profunda a través del movimiento engendra la consciencia del Quinario.

El Quinario revela la pulsación de la libertad adquirida por la comprensión y el acuerdo establecido entre Espíritu y Materia.

Viviendo conscientemente la naturaleza creadora del espíritu, la materia descubre su propia inteligencia y se libera de la ley que la gobierna.

Se sobrepone a todo lo que la esclaviza y la hace vulnerable.

La energía del Quinario pone de manifiesto la inteligencia naciente en la materia, la consciencia de lo Divino que la anima y hace de su Ser una Entidad completa.

El Quinario encarna al hombre de pie, que manifiesta a la vez su cualidad humana y divina, consciente de su diferencia respecto a cualquier otra criatura constituida, como él, por espíritu, alma y materia. Es más consciente que ningún otro ser de estar constituido así, y puede utilizar con inteligencia esos dones para vivir y perpetuar esa vida en él y, a través de él, en el universo.

El Quinario representa la realidad de la **Estrella de 5 puntas,** esa figura que une dos polos opuestos, el izquierdo y el derecho, mediante un triángulo que domina el funcionamiento de ambos lados y los abarca.

La libertad que otorga el Quinario se refleja también en el cuerpo del hombre a través de los cinco sentidos, que abren su materia al conocimiento de sí mismo y del universo.

La vista ilumina su cuerpo, el oído lo integra en el movimiento interior y exterior, el olfato lo regenera, el gusto lo alimenta y el tacto le presenta la realidad palpable de la existencia.

He aquí por qué cada sentido físico representa una puerta, una apertura hacia el conocimiento y hacia la liberación.

En nuestro cuerpo los cinco dedos de la mano expresan también la libertad de utilizar cualquier instrumento de modo provechoso y constructivo. Permiten, entre otras cosas, manifestar nuestros pensamientos y hacer de ellos criaturas fabricadas por nosotros, a nuestra imagen y semejanza, como el Divino creador.

La atmósfera propia del Quinario es el Éter, que contiene la vida subyacente en toda criatura. Esta materia sutil vincula los cuerpos densos al océano cósmico que constituye la matriz Divina y protege los caminos de la Vida.

Para que la energía del Quinario pueda vibrar y actuar de manera liberadora en nuestra vida, hay que aprender a comprenderla, admitirla como realidad activa, y dejar que se instale en nuestra vida y la dirija.

El Quinario aporta el mensaje del desprendimiento, la facultad de poder sentir, expresar y llevar a cabo una realidad sin dejarse aprisionar por sus estructuras y sus reacciones.

Cuando se ha adquirido el dominio de esta realidad, aparece de modo natural, como una evidencia, el desprendimiento de toda forma. Pues, para poder continuar en el camino vivo de esa realidad, hay que aplicar la propia calidad de vida, la renovación continua y el abandono de lo antiguo, y hay que vibrar con las nuevas realidades que se manifiestan al hilo de la evolución y del camino creciente de la Vida.

El Quinario libera la materia a través de su propia vida y la revela en todos los planos. Al hacerlo, su fuerza le convierte en dueño y señor que actúa con sabiduría y rigor al servicio del único momento presente que contiene la vida de la unidad.

Las letras que vibran al ritmo del Quinario son: **E, N, W.**

La **E**

Su forma revela que existe acuerdo y complementariedad entre los dominios de la forma y del espíritu.

Las tres rayas horizontales reflejan el camino trazado en los diferentes planos de la forma –el plano mental, el plano emocional y el plano físico–. El trazo vertical, el del Espíritu que anima y vibra en todos los planos, une los tres caminos y los armoniza.

Es una letra que expresa la libertad mental, emocional y física manifestada por el movimiento y la necesidad de cambio.

El movimiento revela el funcionamiento de cada cosa en cada uno de los planos de la manifestación: comienzo, desarrollo y fin. La vibración de esta letra es la expansión natural de la vida.

Los tres planos están vinculados a su fuente única y, por eso, la expresión llega con bastante rapidez a la saturación. Siente la necesidad del retorno, a fin de producir una chispa nueva capaz de recargar sus baterías y de empujarla hacia delante.

Esta vibración requiere cierta madurez espiritual a fin de comprender el verdadero sentido de la libertad, es decir, la facultad de actuar libremente en Sí mismo y fuera de Sí mismo sin abusar de la expansión y sin dispersarse ni vivir pasiones insensatas.

Es una letra creativa, física, que genera nuevas ideas y las utiliza en lo concreto de manera original, etérea y ligera.

Frase clave: Con mi Entusiasmo Elimino los obstáculos. Me Elevo hacia la Evasión y, con la Eclosión, brota una nueva Exhalación llena de Energía.

La **N**

La forma de esta letra recuerda el cono abierto de la V, esa naturaleza receptiva del cosmos que tiene, además, el trazo de apoyo que parte de la extremidad derecha de la V para descender e implantarse en el suelo. Revela la necesidad de aportar sensibilidad y energía al plano físico para experimentar y vivir así su vibración. El movimiento que lleva inscrito cada chispa viva que recibe por la abertura superior, se refleja en el deseo y la necesidad de manifestarlo, haciéndolo revivir en su mente y en sus emociones. Todo se mueve en el universo, nada se estanca; de lo contrario, llegaría la muerte. La vida es movimiento; por eso quiero respirarla, sentirla, experimentarla y manifestarla. Esa es la reflexión de la **N.**

La reflexión y la adaptabilidad son cualidades de esta letra. Su fuerza reside en su libertad de pensar y de actuar sin coacción. Para que la libertad de la **N** se exprese realmente en todos los planos y los vivifique, tiene que saber desprenderse de la forma, de las apariencias y de las ideas preconcebidas.

En esa energía liberadora, el palo de la **N** representa la búsqueda de un equilibrio que conduzca a la estabilidad entre la imaginación fértil, las pasiones, y el sentido de la realidad a través de la acción y de la experimentación.

Es una letra cerebral, inconstante, que necesita el cambio en todos los planos para saborear el fruto siempre fresco de la vida nutritiva.

Frase clave: Negocio la Necesidad de lo Nuevo para deshacer los Nudos Nocivos de la Naturaleza estancada y saborear el alimento re-Naciente de la Vida.

La **W**

Como indican su nombre y su forma, es una doble V que pone de manifiesto la expansión de la receptividad en el cosmos a través de la individualidad propia que, en el curso de su evolución, presenta altibajos.

El movimiento de vida captado doblemente por esta letra, revela una conciencia innata del sentido de su integración en su propio Ser.

Los dos conos cómplices expresan el acuerdo entre la derecha y la izquierda, y, abriéndose ambos para unirse de nuevo y encarnando así el tercer cono abierto hacia abajo, confirman el funcionamiento de los dos polos opuestos que se completan a través de la manifestación.

Ese camino seguido por la **W**, vivido y expresado por ella, revela la expresión natural de la Vida que vibra entre lo alto y lo bajo, la determinación de evolucionar y de crecer interiormente sin dejarse desanimar por los límites o los obstáculos.

El cono hacia abajo expresa la voluntad de volcarse sobre su naturaleza humana e instintiva, de comprenderla y de liberarla transmutándola mediante un impulso hacia arriba. Para su evolución, es importante la filosofía de la apertura, del movimiento y de sus leyes, porque proporcionará a su espíritu un instrumento que le permitirá comprender el sentido del desprendimiento y le hará atravesar los altibajos entre las cumbres y los abismos de manera clara, libre y liberadora.

Es una letra física, mudable, que vibra con intensidad. De ahí su necesidad de moverse y de cambiar de horizonte constantemente; de lo contrario, se convertiría en una letra explosiva.

Frase clave: Como un vagón viajero, voy pisando todos los senderos, y vuelvo para ofrecer de nuevo el gusto de la evasión y de la libertad a los que han decidido partir.

El valor rítmico de esas tres letras es:

E = 5, N = 14/5, V = 23/5

Vibraciones del día de nacimiento

El Quinario anima y manifiesta su energía en todo ser que lleva esa vibración en su nacimiento.

El **5**

El ser nacido el día **5** está animado por el fuego del movimiento, ese fuego purificador de lo viejo, que aspira a lo nuevo en cada instante, para saborear constantemente el germen creador y la vida liberadora.

Ese movimiento se revela a través de una búsqueda de comprensión, de esclarecimiento de las situaciones a fin de descubrir el sentido vivo de cada acontecimiento. Cuando ha llevado a cabo la observación, el ser nacido el día **5** necesita nuevos datos, necesita asumirlos y experimentarlos en todo su ser para asimilarlos y comunicar a los demás la experiencia adquirida.

Es el ser a quien le gusta moverse, cambiar y renovar sin cesar sus objetos y su vida de una manera u otra; en todas las cosas le interpela el movimiento.

Le atraen el aire libre, los viajes y las aventuras de todo tipo. Es abierto de espíritu, le interesa aprenderlo todo y está presto a experimentar cualquier cosa.

El fuego que actúa en él hace de su persona un ser apasionado al que incita el resplandor de lo nuevo y está dispuesto a atravesar mares y océanos para captarlo y alimentarse de su chispa. Es un número que exige una madurez interior del ser, pues sus pasiones podrían hacer de él un destructor temible, inestable, irritable e indiferente. Está llamado a comprender y a vivir el sentido del Desprendimiento en todos los órdenes, empezando por sí mismo frente a sus pasiones. La búsqueda de la libertad adquiere así su verdadero sentido, y le guía hacia la Liberación que constituye el sentido mismo de la vida.

En ese ser duerme un gran pedagogo que sabe salir de sí mismo y exteriorizar el camino que ha recorrido y el bagaje adquirido, rico en múltiples conocimientos y experiencias.

Su divisa: Vuelo en busca de novedades a fin de vivirlas y enseñarlas a los demás sin barreras.

El **14**

El ser nacido el día **14** está animado igualmente por el fuego del Quinario. Pero éste actúa de manera más concreta en su estructura mental, emocional e incluso física. Es el ser que ama la independencia y la libertad de acción, adaptándose a las exigencias de lo material para transmitir las nuevas ideas y realizarlas.

Su primer polo, el 1, caracteriza el espíritu de iniciativa y de independencia que le permiten afirmarse en el interior de los cambios.

El 4, que representa su polo exterior activo, revela un temperamento constantemente en guardia que necesita actuar partiendo de bases sólidas, seguras, experimentadas, antes de lanzarse a lo desconocido.

Su personalidad es consciente de la integración en el plano material, lo que explica su desconfianza porque, conociendo la densidad de ese plano, siente la necesidad de vivir intensamente antes de creer en la eterna juventud y en la aventura de lo nuevo. Sin embargo, su desconfianza termina por transformarse en apertura de espíritu, pues la vibración del Quinario le empuja intensamente al Desapego de las ideas preconcebidas, y a comprender el movimiento y la renovación en Sí mismo.

Todo ello revela la naturaleza cambiante de este ser que puede mostrar un nerviosismo y un humor variables, a veces entusiasmado, con sed de lo desconocido, a veces titubeante, retrocediendo, tomándose tiempo para liberar su lado humano.

El aire es su elemento, necesita tanto los grandes espacios como prodigarse físicamente para liberarse de una energía que lo recarga excesivamente de vez en cuando.

Su divisa: Actúo libremente con un espíritu abierto y una naturaleza que se adapta a los cambios.

El **23**

El nacido el día **23** es un enamorado de la libertad, busca la novedad en su entorno y la presenta a su alrededor con originalidad e inteligencia.

El primer polo, representado por el 2, revela un natural afectuoso.

Es sensible e idealista, hechiza a su alrededor y pone todos los medios para estar en armonía y vibrar con el otro. Ese polo representa también la dualidad, que muda en su ser terminando en coordinación y complementariedad.

El 3, el segundo polo activo de este número, es activo y revela la necesidad de comunicar sus experiencias y de exteriorizar las energías captadas y vividas previamente, con humor y espontaneidad, aliando la receptividad y la escucha a la emisión y a la exteriorización. De modo que, a través de él, total y profundamente integrado, vibra el sentido de la libertad.

La energía del Quinario se expresa a través de su curiosidad intelectual y de su apertura de espíritu, que dirigen así su naturaleza llamándola a liberar todo su potencial viviente, bien escuchando, bien comunicando con el entorno. Y así vive plenamente el sentido de la libertad.

Es comprensivo, conciliador, lo que podría ser una trampa de implicación y de dispersión si no cuidara el Desapego emocional y la autenticidad en sus palabras. Si es realista, puede continuar avanzando en el camino de la liberación.

Su divisa: Expreso el espíritu de adaptación y de apertura a fin de vibrar con los demás libremente, sin ninguna coacción.

Número de fuerza

Cuando el Quinario vibra como número de fuerza en la vida de un ser, le invita a vivir el Momento Presente, sin temer el porvenir ni lamentar el pasado, extrayendo de cada momento el fruto y la experiencia que éste puede aportar.

El Quinario le empuja a moverse, a abrirse a múltiples horizontes, a adquirir libertad interior, **siendo libre él y dejando que lo sea el otro**, sin temor a convertirse en voluble y superficial.

El Quinario revela su fuerza, que consiste en **desprenderse de lo conocido** para vivir **una nueva liberación.**

6

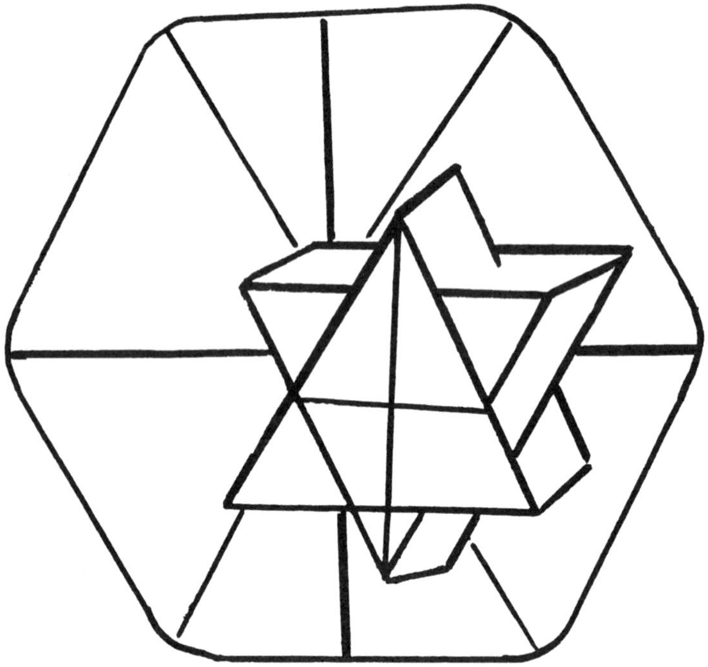

EL SEXENARIO – 6 –

El Sexenario es la tercera entidad femenina del cosmos. Manifiesta la aceptación por parte de la materia de su propia naturaleza viva, cuya única función –emisión y receptividad– es la de perpetuar la vida de la primera Trinidad sutil que la anima.

La entidad del Sexenario refleja la del Ternario en el plano material.

La del Ternario es emisora y creadora, mientras que la del Sexenario es receptora, armonizadora y estabilizadora, y asegura el crecimiento en la materia y la continuidad de la evolución mediante el espíritu Creador que anima en ella.

Es la prueba de la madurez adquirida por la inteligencia del Quinario, experimentada y vivida entre los dos polos de la existencia, uno de ellos sutil, emisor, y el otro concreto, denso, receptor, manifestando un acuerdo y una complementariedad que hacen brillar y evolucionar a la materia a través de la Vida Autocreadora.

El Sexenario, que armoniza el Espíritu con la materia, revela la noción del tiempo y del saber adquirido que nace de su recorrido a través del espacio.

El Cuaternario ha manifestado los cuatro puntos cardinales en el espacio, el Quinario ha engendrado el movimiento de expansión de la conciencia, y el Sexenario permite la adquisición de esa expansión mediante la aceptación de lo que es.

El tiempo transcurrido hasta la fusión de los dos extremos, confirma y revela la *Presencia Viva*, que ha sido vivida previamente en el espacio.

Aplicación del Sexenario a la vida cotidiana

El Sexenario manifiesta en nuestra vida diaria la energía de la *Adaptabilidad*, el punto de unión entre la energía masculina y la femenina en el Todo y en uno mismo, incluyendo el cuerpo físico. Ese punto de contacto permite la fusión entre las fuerzas masculinas y las fuerzas femeninas para perpetuar la existencia. Es un acto divino por excelencia, que toma Vida a partir del momento en que se ha establecido la armonía entre los polos opuestos de la manifestación.

La energía del Sexenario desarrolla en nosotros la cualidad de la *Aceptación Inteligente,* de la apertura fecundadora, la que anima al ser mediante la Vida de la vibración del momento presente. La inteligencia ocupa entonces un lugar en nuestra materia de manera que la adapta, armoniza su función y le da una nueva forma manifestando la Vida en su totalidad.

La cualidad de aceptación inteligente, sabedora, hace que cada energía funcione armoniosamente con su complementaria.

A partir de ese momento, el ser está protegido contra el conflicto y contra la rebelión que engendra el desequilibrio o la sumisión.

El Cuaternario ha manifestado la envoltura del alma y del Espíritu creador. *El Sexenario manifiesta la sublimación de ese plano material, su armonía, viviendo su cualidad inteligente y pasando por lo positivo y lo negativo, uno tras otro, hasta la ascensión hacia la unidad creadora.*

La energía del Sexenario aparece ante nuestros ojos a través del reino vegetal en todas sus formas y colores, y en su función regeneradora.

Está envuelto en una belleza y una armonía perfectas, que ponen de manifiesto su capacidad de absorber y de integrar la inteligencia creadora que trasluce Su Amor equilibrador y armonizador como un bálsamo sanador. La aceptación que revela el Sexenario gracias a la inteligencia, a la comprensión y a la adaptación, manifiesta la única elección hecha por la

Entidad Humana, que vibra por la *Inteligencia del Amor,* del que **no juzga, no condena y no se culpabiliza,** sino que, por el contrario, consagra **sus esfuerzos a abrirse, a vivir el momento presente** y a integrar, por encima de todo y de manera armoniosa y flexible, *la vida de cada instante.* Así, esa *entidad humana* excava en su corazón el pozo infinito de *eterna juventud de donde brota la vida perpetua.* Todo lo que el hombre toca recibe esa *agua de vida,* y perpetúa a su vez la chispa que continúa emitiendo esa corriente.

La entidad del Sexenario recibe e integra la Vida del Padre y la difunde a través de su vibración.

Las letras que vibran con la energía y el ritmo Sexenario son: **F, O, X.**

La **F**

Esta letra recuerda la forma de la E. El tercer trazo de abajo, que representa la conciencia de la materia, está ausente, pues está integrado en la columna vertical que vincula cielo y tierra y mantiene la Vida a través de la mente y de los sentidos.

El tronco, clavado en el suelo, hace aparecer en la tierra grandes raíces que irrigan todo el entramado de ramas y frutos.

Eso muestra la integración en la materia de la Vida de la mente y de las emociones, como la arcilla modelada por el espíritu creador que la anima. Esta letra manifiesta rectitud, y también la facilidad para adaptarse gracias a su experiencia profunda y a la del entorno con el que se relaciona.

Los ángulos rectos significan que, a veces, no acepta doblegarse ni adaptarse; por eso, para su equilibrio, necesita desarrollar su capacidad de adaptación. Su aspecto erguido, con su visión interior de las cosas, revela que está muy impregnado del sentido del deber, lo que le ayuda a vencer sus titubeos a la hora de manifestar lo que siente.

Es una letra intuitiva, versátil, animada por el fuego del

espíritu que la empuja a asumir grandes responsabilidades, plenamente consciente y con capacidad de adaptación.

Frase clave: Mi Fuerza está en el Fuego Fecundo de mi espíritu. Me gusta Fabricar y Fusionar. Soy Fiable en el corazón de la Familia equilibrada.

La **O**

Un círculo sin principio ni fin, perpetuo, que envuelve y manifiesta al mismo tiempo la profundidad que revela una vida escondida y el movimiento en espiral que anuncia la evolución e involución de una vida nueva, más madura y más consciente a causa de su experiencia y del saber adquirido.

Canta un himno a la vida a través de su interiorización, que busca en el fondo de sus entrañas el fuego que la anima y confiere a su aspecto una redondez perfecta, armoniosa y protectora.

Mediante esa interiorización, aprende a conocer totalmente su naturaleza; aprende a aceptar sus límites momentáneos, pues es en el interior de sus límites donde evoluciona verdaderamente, y aprende a hacer que se exprese en su humanidad la Divinidad que la anima. Su vibración de dulzura y de protección, manifestada por su forma, revela un modo de ser preocupado por hacer las cosas bien, limando asperezas y buscando el equilibrio en todos los aspectos. Sin embargo, eso puede sobrecargarla, y su fuego puede desencadenar una explosión destructora para ella y para su entorno. Debe comprender que la armonía y el equilibrio que busca tienen que efectuarse primero en *Ella,* sin alterar esa redondez perfecta que encaja perfectamente la fuerza y la forma del carácter profundo.

Es una letra creadora, afectiva. Su elemento, el agua, puede purificarla y vivificarla con su fuerza regeneradora para que no la consuma ni la agote estancamiento alguno, sobre todo de tipo emocional.

Frase clave: Oscilo entre lo alto y lo bajo, en las cuatro dimensiones, hasta la Ósmosis con el Todo.

La **X**

La forma de esta letra revela la noción de espacio mediante la fusión del punto central con las cuatro esquinas, y también la noción de tiempo mediante el movimiento aparente en los extremos del eje.

Esa realidad del espacio-tiempo da testimonio del sentido de la Vida en la materia. Comienza por la unión de los dos polos opuestos en el punto de encuentro de sus generadores en el espacio. Gracias a esa unión, se manifiesta un nuevo espacio en un tiempo que encaja la forma con la fuerza. Eso revela la madurez de la vibración en el corazón de esta letra, en ese punto de contacto y de fusión entre lo alto y lo bajo, y exige la comprensión y la cualidad de escucha de su realidad y de su propio funcionamiento. Su apertura a todos los horizontes pone de manifiesto su intuición y su espíritu de búsqueda, presto a experimentarlo todo y a asumir responsabilidades de manera realista y constructiva.

Sin embargo, se plantea el problema de la elección, pues esta rueda sin movimiento, señala la posibilidad de avanzar o de retroceder. Sólo la madurez y la aceptación de la realidad de esta fusión que encarna de manera clara e inteligente, pueden ayudarla a elegir y a progresar. Es una letra afectiva, voluble, en constante búsqueda de equilibrio.

Frase clave: Como un Xifóforo (pez mejicano muy fecundo, de seis centímetros de largo), nado en diferentes dimensiones para luchar contra los Xenófobos y transformar la vida en una armoniosa música de Xilófono.

El valor rítmico de esas letras es el siguiente:

F = 6, O = 15/6, X = 24/6

Vibraciones del día de nacimiento

El Sexenario anima con su energía equilibradora a todos los que han nacido bajo su vibración.

El **6**

El nacido el día **6** es un ser afectuoso, flexible, lleno de dulzura en su cuerpo y en sus gestos. Tiene muy desarrollado el sentido del tacto, se expresa a través de las manos y todo lo que toca recibe su magnetismo. Gracias a su sensibilidad, la belleza y la armonía reinan en su vida y en su entorno. La energía del Sexenario que lo anima hace de él un ser responsable que trata de establecer el equilibrio y asume sus obligaciones hasta el final. Es un ser sociable, con un tacto y una diplomacia fuera de lo común. Su preocupación por hacer las cosas bien puede hacerle titubear frente a las elecciones y bloquear su impulso.

Es importante que se esfuerce por aceptar lo que Es, frente a la duda y al miedo de fracasar.

El ser nacido el día **6** está a la búsqueda del amor en su entorno, y aspira a una vida apacible en el seno de la familia. Para él es la ocasión de aprender el *Sentido Real del Amor,* que no posee ni sirve a su interés personal sino que respeta a cada ser totalmente, acordándole el derecho de Ser, con sus cualidades y sus debilidades.

Su divisa: El amor y la belleza son mi alimento y mi fuerza para comprender y asumir el sentido de la Vida.

El **15**

El ser nacido el día **15** intenta incansablemente establecer el equilibrio y la armonía en su ser profundo y en la personas que le rodean.

Su vibración funciona entre dos polos impares, activos, que tienen por misión encontrar la feminidad en sí mismos, en su propia constitución, bajo un aparente aspecto masculino emisor. Es una constitución llamada a fusionarse y a armonizarse en una ósmosis perfecta, la de la energía femenina fecundadora y armonizadora. El 1, que actúa en su espíritu, le da la chispa inicial, la chispa de la creatividad y de la independencia, vinculando el cielo con la tierra. El 5, que expresa su naturaleza, le procura la satisfacción de la búsqueda, y la necesidad de expansión mental y física para evolucionar plenamente y conocer su doble función. Ese fuego, que el 1 y el 5 ponen de manifiesto, bulle en el agua matriz que anima y alimenta.

El nacido el día **15** se transforma gracias a su fuerza creadora, lo que explica los excesos a los que se encuentra confrontado –impulsos y pasiones. Debe estabilizarse, armonizarse y encontrar la calma profunda que haga de su individualidad el ser perfecto que domina su universo. Su energía y sus múltiples conocimientos hacen de él el asistente, el consejero o el guía espiritual perfecto cuando *se centra* en *el Amor* y en la energía de su Ser Superior, irradiando ambos con inteligencia, y armonizando mediante su *ser verdadero* la manifestación de los dos polos creadores de la existencia.

Su divisa: Difundo a mi alrededor mi propia experiencia de reconciliación entre el varón y la mujer que hay en mí, restableciendo el equilibrio entre los antagonismos aparentes y reunificándolos.

El **24**

El nacido el día **24** busca ardientemente la armonía y el equilibrio en sí mismo y a su alrededor. Los dos polos que componen su vibración son de naturaleza femenina, pasiva en apariencia. Representan la doble naturaleza del ser humano que, siendo él mismo una escucha del infinito, es su manifestación a través de su cuerpo y de su funcionamiento.

Los dos polos femeninos de este número muestran la sensibilidad y la interiorización del nacido en ese día, para comprender su propio funcionamiento profundo y aplicarlo después.

El 2 revela su preocupación por escuchar y vibrar con las personas que le rodean, para armonizar sus aspiraciones con las de su entorno.

El 4 expresa la obligación que tiene de salir de sí mismo, decidiéndose a actuar y a comprender las exigencias de la materia, y equilibrando así el interior y el exterior de su manifestación.

Es un ser afectuoso que busca consuelo moral y físico. La

energía del Sexenario le enseña el sentido de la Vida en todas sus dimensiones y le empuja a aceptar la realidad de las cosas actuando en la materia mediante su naturaleza humana emisora y receptora a la vez.

El nacido el día **24** tiene sentido de las responsabilidades. Sabe organizar las cosas y las hace funcionar hábilmente estableciendo la armonía y asegurando la continuidad.

Su divisa: Trabajo para establecer la armonía en mí mismo y en mi entorno, saboreo el equilibrio que busco en todo para estimularme y ayudarme a comprender el sentido de la *Vida Realizada.*

Número de fuerza

Cuando el Sexenario actúa como número de fuerza en la vida de un ser, le llama a realizar el verdadero sentido de la *Adaptabilidad.* A través de las numerosas e importantes responsabilidades, le induce constantemente a buscar el equilibrio entre los extremos.

Toda su fuerza reside en ser la *Vía de en medio,* sin exagerar en un sentido ni en otro; *en aceptar* con inteligencia la expresión de la *Vida* pasando por *el flujo y el reflujo* de la existencia.

Ese sentido *verdadero* del equilibrio en sí mismo y en el exterior, le abre a la *realidad del amor vivo* que persigue constantemente.

7

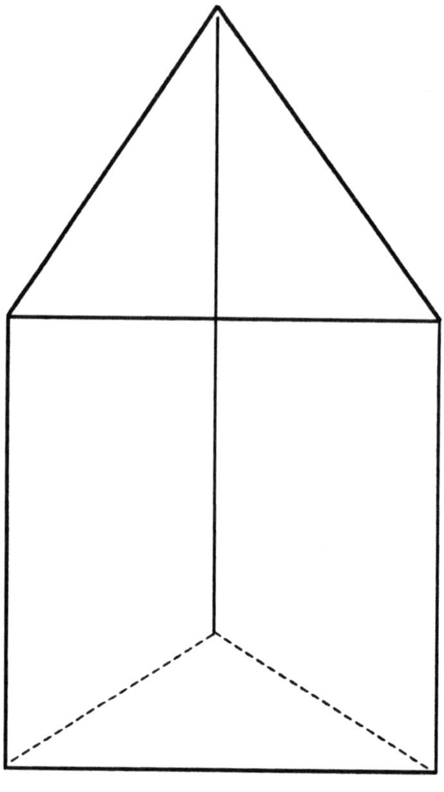

EL SEPTENARIO – 7 –

Cuando se ha proyectado el espíritu del Padre, y el corazón de la Madre se ha abierto para recibir, nace el Hijo.

La unión de los Tres ha encarnado un hogar visible, envolviendo su acuerdo. En el interior de esa Morada, el *movimiento* ha engendrado la inteligencia de cada uno de los miembros que lo constituyen.

Esa madurez lúcida conduce a una *aceptación conocedora* donde cada uno ocupa su lugar, funcionando en armonía en el medio global.

Cuando hay un perfecto acuerdo entre todo y todos, la conciencia que brota de su corazón manifiesta la paz del ***Septenario.***

El Septenario es, pues, la fuerza activa que propulsa *todo el mecanismo* de la creación por su propia inteligencia y su Vida.

Es el estado de cosas que expone *la realidad de una célula viva,* manifestando Amor, Luz, Materia e Inteligencia liberadora y, por encima de eso, Fecundadora y creadora en su universo.

El Septenario es la conciencia que toma conciencia de sí misma en todo su contorno; contempla entonces su belleza, la armonía y la perfección de su obra.

El Eterno descansó el séptimo día, su obra se había realizado. Pero faltaba la contemplación serena para ser glorificado por ella.

La entidad del Septenario se manifiesta a través del reloj cósmico, revelado por los siete días de la semana. Cada uno de ellos vibra gracias a una energía bien definida: el Domingo, gracias al Sol; el Lunes, por la energía de la Luna; el Martes, por la de Marte; el Miércoles, por la de Mercurio; el Jueves, por la de Júpiter; el Viernes, por la de Venus; y el Sábado, por la de Saturno.

La entidad del Septenario se revela también a través de las siete notas de la escala musical, o de los siete colores del espectro luminoso que componen el arco iris. Cada nota y cada color tienen su propia cualidad, bien determinada, y una función distinta de la que tiene la que le precede y la que le sigue.

El Septenario se manifiesta también totalmente a través de los siete estados de la materia: sólido, líquido, gaseoso, etérico, super-etérico, subatómico y atómico.

Aplicación del Septenario a la vida cotidiana

Revela la realidad cósmica de nuestro cuerpo físico, que se compone de materia densa, de otras materias menos densas y de otros elementos sutiles, energéticos y atómicos. Cada una de esas materias corresponde a un plano vibratorio distinto, con una frecuencia determinada. En consecuencia, el ser humano tiene acceso a todos esos mundos paralelos a través de su propia materia, según su grado de consciencia. A fin de cuentas, el ser humano reproduce en miniatura la constitución del universo.

El individuo trata de aprehender la realidad del Septenario a través de su naturaleza humana, intentando captar mentalmente la esencia viva de cada cosa. Es una búsqueda que resulta penosa, sembrada de escepticismo, de dudas y de falta de fe, pues ningún medio mental ni emocional puede revelar *lo que palpita en el corazón del silencio.* Ahí, únicamente, está la vida del *Septenario.*

La meditación es su atmósfera natural; su paz nace en el corazón del movimiento, que nos enseña a vincularnos a cada uno de nuestros diversos estados vitales. Gracias a ese alineamiento se nos hace comprensible, y vibra al unísono con nosotros, la realidad divina y humana que existe en nuestro ser y en todo ser vivo.

La energía del Septenario nos enseña y nos despierta a la consciencia del *Discernimiento*, esa inteligencia divina que sabe establecer la diferencia entre el momento de la **exi-**

gencia y el de la **escucha**, entre el momento de **animar,** de **construir** y el de **despojarse de todo** y **destruir.** Una inteligencia que sabe reconocer y distinguir **la luz verdadera del corazón del resplandor aparente de la ilusión.**

Ese discernimiento, mensaje del *Septenario,* se cultiva en el santuario profundo del corazón, ahí donde todo grano sembrado con *autenticidad* recibirá calor y será regado por su propia naturaleza *Verdadera.* Dará entonces sus frutos de manera viva, ilimitada.

La autenticidad vivida por el ser en el corazón de la multiplicidad de la materia, con aceptación y serenidad, hace que el individuo sepa esencialmente que la **perfección y la belleza de la Vida** consisten en Ser lo que *está en verdad* en el corazón de toda apariencia.

El Septenario es la presencia serena y viva en el corazón de toda manifestación.

Las letras que vibran por la energía del Septenario son: **G, P, Y.**

La **G**

La forma de esta letra revela una vida activa en el corazón del círculo, que se abre para manifestar su funcionamiento. A la vez que redondeada está replegada sobre sí misma, y desvela su naturaleza a través de una abertura que, aparentemente, esboza un gesto hacia el interior, indicando con él el fuego que actúa en su corazón.

Ese gesto afirma y aprueba la energía profunda, motor de su vida, al mismo tiempo que revela su secreto vital, como para expandir todo su potencial. Por encima de eso, esta letra participa de la vida exterior, de la vida que la rodea.

De naturaleza fecunda, propulsa nuevas ideas con la gran energía que bulle en su vientre; necesita actividad física y mucho movimiento para exteriorizar esa intensidad y equilibrarla entre la mente siempre activa y el cuerpo que la expresa.

Actúa como depósito energético por su gran capacidad

para absorber conocimientos y teorías experimentales de todo tipo, analizándolos, asimilándolos y expresándolos después según su propia comprensión.

La vibración cósmica de esta letra requiere en el ser una madurez profunda, so pena de convertirse en alguien irritable, egocéntrico y destructivo, debido a la intensidad de la energía que bulle en él, que no debe apropiarse orgullosamente sino que debe seguir siendo universal.

Es una letra cerebral –la tierra es su elemento– que necesita concretar su potencial y expresarlo con toda su hermosura viva y vivificante.

Frase clave: Gestiono el Germen de la Génesis en mí, a fin de que crezca Gloriosamente y se convierta en un Generoso Gigante.

La **P**

Esta letra manifiesta un potencial evidente. Su plan de acción está en las alturas, sostenida libre y plenamente por la columna vertical. Todo lo que ocurre en su interior se vuelca por ese trazo vertical que la incita y la lleva al mismo tiempo a hacer descender sus conceptos y a manifestarlos concretamente para que no permanezcan estériles. Ese depósito aparece así como una bandera que flota por encima de un terreno ganado mediante el valor y la inteligencia del discernimiento.

Revela una gran capacidad intelectual, que orienta sus energías hacia un aprendizaje, un análisis y una comprensión que le permitan dirigir los altibajos de la vida material con valor, discernimiento y éxito.

Su fuerza reside en el silencio, cuando todas las actividades se armonizan y el esfuerzo interior está orientado en una sola dirección: la vía de la sabiduría, indicada por la claridad y la luz del corazón. La intensidad de la vibración de esta letra requiere la madurez del ser, para permitirle discernir el sentido de la victoria verdadera. Corre el riesgo de caer en los excesos, como en la megalomanía o en la ruina absoluta. Es una letra cerebral, oscilante, que pesa los pros y los contras de todo. Sólo la confianza en lo que *Es* podría ayudarle a elegir y a avanzar.

Frase clave: Soy un Peregrino que eleva el Potencial de su ser para Purificar y Progresar, no con Pena sino en Plena Paz Profunda.

La **Y**

Presenta un cono abierto hacia el cielo, que vierte hacia el suelo de manera natural, de modo que la condición normal de su don receptivo es la emisión libre y neutra.

Vierte el flujo de su energía de modo seguro, estable y moderado, en función de la demanda del terreno receptor.

Esta vibración, que establece un fuerte vínculo entre lo alto y lo bajo, muestra la relación de interdependencia que existe entre esos dos planos. Cuando lo alto vibra a través de la escucha y de la comprensión, entonces lo bajo, ahíto en su movimiento, puede expresar la continuidad al ser canalizada y guiada su fuerza.

La naturaleza de esta letra, que está a la escucha de la energía cósmica, se pone de manifiesto al evidenciarse la relación entre los dos planos, el Alto y el Bajo.

Recibe la energía cósmica, la ingiere y la asimila según su propia individualidad, comprendiéndola y utilizándola libremente para dirigir el gran escenario concreto y sus diferentes aspectos materiales.

La creatividad, la delicadeza y la inteligencia son cualidades de ese ser. La intensidad de la energía de esta letra indica progresos continuos. Sin embargo, esa evolución necesita lucidez y discernimiento en las elecciones que haya que hacer, sin olvidar escuchar constantemente lo que su Ser verdadero revela en sí, para expresar libremente y con confianza ese mensaje interior.

Es una letra intuitiva, oscilante, que pesa los pros y los contras, aun estando a la escucha y dejándose guiar por la intuición.

Frase clave: Mi ser entero se adhiere a lo que ven mis ojos y siente mi corazón.

El valor rítmico de las tres letras que vibran por la energía del Septenario es:

G = 7, P = 16/7, Y = 25/7

Vibraciones del día de nacimiento

El Septenario actúa en todo ser nacido bajo su vibración mediante su energía de sabiduría y de discernimiento.

El **7**

El nacido el día **7** es un ser mental, que somete todo acontecimiento al análisis de su intelecto para captar y comprender el porqué de las cosas.

Curioso por naturaleza, presuroso por conocer y acumular los conocimientos como una riqueza primordial, independiente, lleno de energía, es eficaz en su acción.

El Septenario le revela el sentido de la altura en todas sus acciones. Esa altura consiste, literalmente, en elevar su mirada para observar la bóveda celeste estrellada, equilibradora y envolvente a la vez: la multitud en un cuerpo de unidad. La altura de miras muestra un ser a la búsqueda de lo absoluto, un ser noble que expresa la belleza actuando con tacto y elegancia. También se pone de relieve su altura de miras al buscar el silencio, donde reside la paz, al tomar decisiones, al sacar conclusiones de las experiencias pasadas mientras escucha su resonancia y establece planes de acción. La energía del Septenario invita a ese ser a realizar el verdadero sentido del silencio, donde su parte mental, emocional y física están en paz en una calma serena sabiendo cuál es su constitución y su función, y actuando como instrumentos de paz en la construcción y elevación de su dueño, el ser humano que vive por lo divino que hay en él.

Su divisa: Aprendo, comprendo y dirijo mi vida y mi entorno con discernimiento.

El **16**

El ser nacido el día **16** se mueve alternativamente entre el intelecto y las emociones, consciente del papel de uno y otras. Consagra sus energías a comprender e intentar establecer en él el equilibrio para poder encauzar sus emociones y suavizar sus pensamientos. Así se abre a su entorno sin dejar por ello de escuchar a su intuición.

La energía de su primer polo, representada por el 1, caracteriza su espíritu de iniciativa y de independencia a la hora de tomar decisiones e ir hacia delante; recuerda también la unidad de su ser a pesar de sus diversos estados de conciencia.

El 6 expresa su modo de actuar y revela una naturaleza sensible que vibra estableciendo armonía y acuerdo entre sus compañeros. También muestra su deseo de integrar y expresar las energías que llegan a su corazón desde el universo.

Se expresa a través de la hermosura de los colores y de las formas y le preocupa hacer las cosas bien y asumir responsabilidades en el plano concreto.

La comprensión y la sabiduría se revelan al nacido en este día a través de los altibajos causados por sus emociones y su apego al éxito, en su búsqueda de la victoria final, que le reconforta y le da seguridad.

El Septenario, que lo dirige completamente, lo empuja a la elevación, invitándolo a desprenderse de todo lo que tira de él hacia abajo, hacia la atracción terrestre y el aprisionamiento. Le enseña la cualidad del discernimiento, aún permaneciendo en la materia, para realizar su auténtico papel de instrumento del espíritu.

Su divisa: Mi objetivo es triunfar y elevarme, lo aprendo en la realidad de cada instante, con las decepciones y alegrías que eso implica.

El **25**

El ser nacido el día **25** vibra a través de su cualidad de escucha. Su receptividad y su energía apuestan por la acción, llevándola a cabo de manera libre, independiente y original.

El 2 representa el primer polo y revela su sensibilidad, su dulzura y su deseo de colaborar y de comunicar.

Le induce también a establecer el contacto y la comunión de su doble naturaleza, divina y humana.

El 5, que expresa su naturaleza, revela su gusto por la independencia, su espíritu de apertura y su capacidad de vivir cambios de todo tipo enriqueciéndose con ellos.

Ese número le ayuda también a expresar la libertad de ser lo que es, con inteligencia y amor. El Septenario vibra en él, en su manera dc ver y de ser, tranquilo por naturaleza. Toda su energía está dirigida hacia el aprendizaje, la comprensión, el dominio de su propia naturaleza y la comunicación a su entorno de su experiencia y de su saber. A pesar de que a veces le resulta difícil elegir entre lo que le atrae y lo que desea experimentar y conocer, lo caracterizan la evolución constante y la elevación. Representan su principal objetivo en la vida. Esas energías, en efecto, vibran no solamente en su fuero interno sino también a través de él, en el exterior, haciéndole saborear el sentido liberador de la vida que se expresa alternativamente a través de la inspiración y de la espiración.

El Septenario le enseña el sentido del discernimiento, que le ayudará a progresar de manera confiada y serena, y le guiará con lucidez para equilibrar y difundir su rico potencial.

Su divisa: Escucho y aprendo, vibro y comunico el sentido del discernimiento que he vivido en el torbellino de mi vida.

Número de fuerza

Cuando el Septenario actúa como número de fuerza en la vida de un ser, lo invita a aprender y a conocer el sentido del Discernimiento, el que ilumina la mente sin separarla de la luz del corazón. La inteligencia del ser lo eleva así conscientemente y lo vincula con el sentido real del Amor Universal, el que irradia la serenidad y la abundancia.

Toda su fuerza reside en ese silencio interior donde se consuma el encuentro nupcial entre el Espíritu y el alma, la mente y las emociones. Así, el *Ser en Verdad*, el que está constituido por diferentes estados, puede irradiar toda su energía en su templo, ese vehículo físico que es el cuerpo. Hace entonces de él *el Divino, y su morada, sagrada.*

Discernimiento y confianza, he ahí el mensaje y la fuerza de este ser.

8

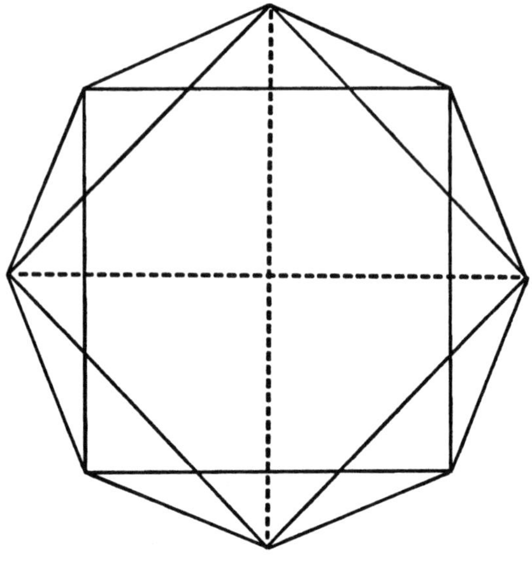

EL OCTONARIO – 8 –

La vida de la Unidad lleva a cabo su camino en el Espíritu y en la Materia a partir del centro, en una dilatación expansiva hasta formar una esfera perfecta. *La forma* encaja entonces con *la fuerza* y se alinea con el punto central de la Unidad. La esfera está entonces en condiciones de engendrar su contrapartida, su doble. Esa evolución que existe y está presente como realidad puede dilatarse pasando a otra dimensión en conformidad con su madurez: *concretización presente por su cualidad de consciencia, despertada a la fuerza real que emana del espíritu.*

Todo lo que está en lo Alto se refleja en lo Bajo. El equilibrio perfecto entre el mundo de las causas y el de los efectos se pone de relieve en esas dos esferas plenamente realizadas que funcionan la una por la otra.

La esfera superior se manifiesta por la inferior, y ésta vive por la energía de la que la ha engendrado.

Ninguna de las dos es superior en su función, pues la existencia de una engendra la otra y viceversa. El sentido real del equilibrio se expresa a través de ese acuerdo armonioso que constituye *la fuerza* y *la gloria* de la *vida*, que es *una*.

El Octonario es la segunda entidad cósmica, cuya realidad es la Unidad perfecta de los distintos polos de la manifestación.

Aplicación del Octonario a la vida cotidiana

La presencia del Octonario en nuestra vida cotidiana se refleja a través de nuestra actitud interior y de nuestra manera de actuar. Nuestro nivel de comprensión del funcionamiento de la *vida*, que es *una*, engendra nuestra actitud interior; no podemos hacer la disección de esa *vida*, *una*, separándola en varias partes, pues desembocaríamos en el fracaso y en la degradación de la verdadera riqueza primordial del ser.

Una riqueza avalada por la abundancia infinita de la chispa de Vida que se renueva y progresa, revelando al que sabe observar su verdadera naturaleza: *espíritu y materia* a la vez, en perfecto acuerdo y armonía.

El Octonario aparece, pues, en el flujo y reflujo entre los dos polos de la vida manifestada. También está presente en la energía que se requiere en cada instante para construir el intercambio entre sus distintos componentes. Esa energía de relación es el dinero y todo lo que implica el comprender su utilización y facilitar su fluidez: el acuerdo y, por encima de eso, el éxito y el enriquecimiento verdadero y vivo.

El dinero no es más que un instrumento de *reconocimiento* entre una parte y otra.

Para que se efectúe el reconocimiento, cada parte debe estar en perfecto acuerdo con su funcionamiento, su expresión y su intercambio.

Así, *la claridad* de una desvelará la posición de la otra.

El dinero utilizado entre dos partes, con actitudes claras, es un testimonio y una confirmación de la claridad y del equilibrio activos.

La energía del Octonario actúa en nuestra vida cotidiana exigiendo un replanteamiento constante, una renovación profunda. Hay que morir definitivamente a lo viejo, a lo superfluo, para renacer a lo nuevo, a lo vivo.

Si el ser está centrado en una actitud *correcta, clara*, no tiene razón alguna para temer el porvenir. *¿No es acaso el futuro el fruto del presente?*

Cuidar el presente con justicia, convicción y fuerza viva, *libera al individuo del peso de sus responsabilidades.*

El individuo sabe dirigir el peso de la materia mediante el poder de su energía viviente, pues actúa con discernimiento y moderación, confiado en *la justicia divina o en el justo retorno de las cosas.*

Centrarse en el corazón del Octonario es saber ocupar su lugar exacto en el seno de la acción para no cargar con su peso y dirigir los acontecimientos con el flujo vivo del momento presente. Así, se establece por sí mismo el equilibrio perfecto.

Las letras que vibran por el Octonario son: **H, Q, Z.**

La **H**

Dos trazos verticales, paralelos e iguales, de pie uno frente al otro, como reflejo de un camino central que une sus trayectos; el trazo horizontal entre ambos contribuye a ese entendimiento y a la igualdad entre lo alto y lo bajo. Ese camino, *Uno*, recorrido no solamente en el tiempo sino también en el espacio, indica una apertura hacia lo alto que se proyecta con la misma intensidad hacia abajo, como una continuidad normal y evidente del movimiento que vive a la vez en el corazón del tiempo y del espacio.

La gran energía que anima esta letra, la empuja a concretar, a manifestar en la materia, con rigor y éxito, todo su potencial y su saber profundo. Debido a la intensidad de su vibración, siente la necesidad de moverse, derrochando energía vital de manera física, sólida y coherente, para asegurar la continuidad del flujo energético en la materia.

El replanteamiento constante pone de manifiesto su búsqueda del equilibrio, tratando de evitar los excesos en un campo u otro. El Octonario le invita a permanecer en el centro, a no desviarse.

Es una letra cerebral, oscilante, que pesa los pros y los contras de cada cosa para obtener provecho y avanzar con mayor convicción.

Frase clave: Soy el Héroe que armoniza Hábilmente lo alto y lo bajo a fin de que la jerarquía de los valores tome sin ilusión su sentido real.

La **Q**

Esta letra tiene dos partes unidas y complementarias: la parte superior, redondeada, representa un círculo cuyo movimiento armonioso se percibe desde el punto por el que está unida a su parte inferior. El mismo movimiento vuelca ésta hacia el suelo, como para extender hacia abajo su parte superior. Todo lo que se ha realizado arriba, se refleja abajo, y comienza ahí una trayectoria similar. Esta letra, que vibra con fuerza e intensidad, necesita abrirse, comprender, equilibrar su actitud, y actuar en la materia poniendo en práctica su experiencia y sus conocimientos, que van creciendo y son confirmados por su acción.

Es una letra de perfección y de belleza innatas, siempre a la búsqueda del saber a gran escala, a fin de transmitir con éxito y continuidad, sin resignarse a no hacerlo.

Es de naturaleza intuitiva, versátil, presta a morir a lo viejo para renacer a lo nuevo que experimenta y percibe en el fondo de sí misma.

Frase clave: Mi fuerza reside en la Quintaesencia de mis preguntas, de mis Quehaceres y de mis búsquedas. Entonces aparece naturalmente la abundancia.

La **Z**

También aquí, a través de esta letra que presenta dos espacios paralelos, se manifiestan dos dimensiones. Un espacio, completamente en las alturas, está abierto hacia abajo; el otro, inferior en relación a él, existe por su apertura hacia lo alto, como para confirmar su acuerdo y poner de relieve al primero, del que ha extraído su sustancia vital. Esta relación de entendimiento y de complementariedad se revela a través del trazo semivertical que contribuye al descenso de lo alto hacia lo bajo, y equilibra el funcionamiento entre esas dos dimensiones, iguales, borrando toda falsa noción de superioridad y de inferioridad.

Los dos planos revelados por la vibración de esta letra son: primero, el de lo experimentado, el del análisis profundo; después, el de su concreción, a fin de asegurar el éxito y la continuidad con la misma fuerza de salida. De ahí puede resultar cierta tensión motivada por la preocupación del buen hacer. Porque el ideal primero es grande, y el deseo de reflejarlo en lo concreto material también, y todo ello comporta una implicación emocional y un replanteamiento permanentes, que suscitan a veces tensiones o reacciones impulsivas.

El Octonario le invita a centrarse en esta línea intermedia que se inclina hacia su manifestación y refleja la comprensión de la naturaleza de la materia y del plano concreto mientras permanece en contacto con su espacio superior, que mantiene su verticalidad.

Es una letra creativa, afectiva, llena de hermosas y nuevas ideas que trata sin cesar de transmitir a los demás y de hacerlas fructificar por la satisfacción que eso le produce.

Frase clave: Me gusta compartir con mi entorno todo lo que siento y recibo.

La rueda del Zodíaco manifiesta la Unidad a través de la diversidad.

El ritmo del Octonario que vibra a través de estas letras se manifiesta así:

H = 8, Q = 17/8 Z = 26/8

Vibraciones del día de nacimiento

El descenso del Espíritu a la Materia y la necesidad de manifestarlo vibra a través de todos los nacidos bajo el ritmo Octonario.

El **8**

El ser nacido el día **8** es de carácter firme, independiente, vibra con gran intensidad, con la intensidad de un espíritu maduro y decidido a manifestarse en el plano concreto, en el plano material. Su exceso de energía le incita a moverse, a derrochar continuamente energía física. Su deseo de perfección le impulsa a actuar con destreza, con acierto y eficacia, obteniendo resultados satisfactorios; de no ser así, está presto a comenzar todo otra vez desde el principio para desembocar en el éxito. Es la prueba de una búsqueda firme del equilibrio, que va desvelándose a este ser a medida que va evolucionando.

El sentido y la capacidad de dirigir la materia, de asumir seriamente sus responsabilidades, hace de él un jefe ideal, capaz de conducir hacia el éxito a una gran empresa. Sin embargo, si no consigue centrarse y mantenerse a cierta distancia frente al engranaje material y sus ilusiones, su sed de elevación y de poder podría conducirle a la tiranía.

La energía del Octonario le invita a buscar el equilibrio muriendo a lo viejo, a las ideas preconcebidas y a los criterios humanos del éxito. Le lleva a comprender el verdadero sentido del poder, el que nace de la justicia y del Espíritu que dirige la materia, pues conoce sus límites y la respeta en todos sus aspectos.

Su divisa: Me gusta la grandeza en todo; la merezco, porque sé ganármela.

El **17**

El ser nacido el día **17** es el estratega de grandes conocimientos e inteligencia brillante. Sabe dirigir el plano concreto, material, aprendiendo en cada instante todo lo que éste le aporta de nuevo para aumentar su riqueza interior. Superándose, la concreta y la desarrolla.

El 1 le da el espíritu de iniciativa y de decisión, la creatividad y la seguridad para ir por delante, superando los obstáculos que puede vencer con independencia y valor.

El 7 revela su naturaleza profunda, sensible a la belleza de las cosas elevadas, su aptitud para aprender, para estudiar muchos campos, meditar tranquilamente su saber antes de concretarlo y enseñarlo a las personas de su entorno.

El Octonario, que vibra en él totalmente, le induce a llevar a cabo grandes éxitos en el plano material, con un discernimiento adquirido interiormente por la meditación. Todos los actos le revelan el sentido del equilibrio, el «porqué» de las cosas y el «cómo» que las dirige.

Ese «porqué» y ese «cómo», cuando se han comprendido y aplicado, guían al nacido el día **17** hacia una vida de auténtica riqueza, que comunica a su entorno expresándola de manera equilibrada y armoniosa.

Su divisa: Dirijo el equilibrio de la vida con conocimiento de causa.

El **26**

El nacido en este día es un enamorado del éxito y del triunfo armonioso, equilibrado entre todo y todos. Su ambición de elevarse y de crecer descansa primordialmente en su entorno y en su entendimiento con las diversas partes.

El 2, que actúa en su interior, revela una naturaleza sensible y afectuosa que, a la chita callando, busca la colaboración y la vida tranquila y sin problemas.

El 6 expresa esa naturaleza, que tiene capacidad de asumir responsabilidades, y lo hace gustosamente, deseosa de actuar con armonía expresando la belleza y la continuidad en sus elecciones y en sus realizaciones.

El Octonario, que lo dirige, le enseña el verdadero sentido de la armonía, la que irradia del equilibrio. Como conoce la naturaleza del espíritu y la de la materia, su acción transporta el Amor real, que tolera los límites y acepta *la Vida* bajo sus diferentes aspectos.

La energía del Octonario le induce a escuchar a su ser profundo, a su *Sí-mismo* divino, aceptando los límites del plano de las apariencias sin ser afectado por ellas.

La respiración tranquila y profunda lo libera y lo regenera, por lo que le resulta indispensable.

Su divisa: Saboreo el éxito cuando todo se armoniza con el Todo y refleja la felicidad

Número de fuerza

Cuando el *Octonario* actúa como número de fuerza en la vida de un ser, le invita a captar el sentido de la vida de la materia, que es como el *reflejo denso del espíritu.* El conocimiento del plano material y el dominio de su funcionamiento requieren *una vida de equilibrio firme* que sabe dosificar sus esfuerzos y centrar sus energías donde reside *la fuerza real.* Se convierte así en un Alquimista que dirige la materia mediante el *Espíritu,* realizándose entonces plenamente.

Toda su fuerza reside en *ese equilibrio* entre los dos planos de la existencia. Comprenderá así el sentido que tiene el poder de la Vida que reina en el corazón del movimiento, *ahí donde todo es,* –fuerza, prosperidad, dominio y expansión.

9

Presencia del Ternario en
los tres planos
de la manifestación:
Plano mental
emocional
físico

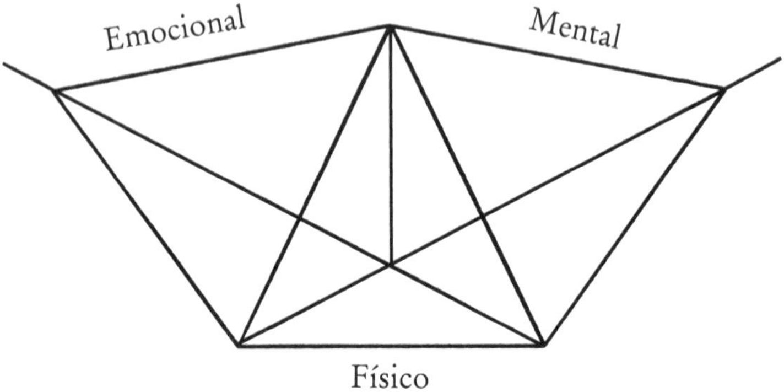

EL NONARIO – 9 –

El Germen Creador se reveló en un principio manifestándose a través de su segundo polo; después lo hizo a través de su expresión, de su materialización, de su consciencia inteligente y su adaptabilidad a todos los aspectos que lo constituyen y le dan su verdadero valor. Finalmente, consciente de su grandeza, *el Germen Creador* se tomó un tiempo de descanso para contemplar y reconocer todo su *Ser.*

La fuerza de la Unidad actuando en la forma ensambla todas sus dimensiones con armonía y equilibrio. Esa potencia viva, de la que da testimonio la encarnación del Octonario, se realiza plenamente a través de la entidad del Nonario.

Las dos esferas, que actúan la una por la otra, experimentan la Realidad de la Vida que las anima, la realidad del Germen Creador y de cuanto por él respira. La Vida es Una, y sus diversas manifestaciones no pueden alterar la realidad de su unidad.

Cuando se ha establecido el equilibrio perfecto entre las dos esferas que forman el Octonario, ese equilibrio engendra la realidad del «Por qué» y del «Cómo» de la *Vida.* El *Uno* vive en todo, y *Todos* viven la Vida del *Uno.* La esfera inferior se abre así al infinito y hace fluir la *Única Vida* en las diversas formas de existencia, y ese gesto manifiesta el nacimiento del *Nonario.*

El Nonario hace vibrar la autenticidad de la Vida en los tres planos de la existencia: el plano del espíritu, el del alma y el de la materia.

El Nonario confirma la existencia de la unidad en la diversidad, que forma en su totalidad un solo cuerpo animado por ese único corazón.

Aplicación del Nonario a la vida cotidiana

La acción del Nonario en nuestra vida diaria se refleja en la actitud de ***saber dar libremente.*** Es sencillamente la expresión de la Vida que reside en nuestro *Ser* profundo. Esa *Vida* que irradia desde Uno mismo para unirse con la *Vida* que hay en todo.

A través de ese **don desprendido de cualquier resultado**, el ser humano aprende a alejarse voluntariamente de los límites que hacen de él un ser temeroso, angustiado y a la búsqueda de cualquier seguridad que le permita saborear la existencia.

Cuando el ser humano sabe dar libremente sin esperar nada a cambio, nada en el mundo puede quitarle la alegría y la serenidad de ese acto auténtico.

Se convierte en un ser luminoso, como el Sol Universal, ninguna nube podría ensombrecer su existencia; porque el fuego está Vivo en todo ser que sabe inspirar, dilatando así sus pulmones y, con ellos, todo su cuerpo. Con una espiración proporcional a su inspiración, entrega a todo su universo la fuerza contenida, empezando por su universo físico, naturalmente.

Cuando el individuo aspira a vivir esa vida universal del Nonario, aprende a conocerse y a integrar sus dos dimensiones, divina y humana.

Es imprescindible vivir la autenticidad en todos los planos de la individualidad. La voluntad de servir –principal cualidad del Nonario– se convierte en ese caso en una consecuencia natural de esa Vida Verdadera que palpita en el corazón del ser y en todos sus cuerpos.

A través de la vibración del Nonario, el ser humano aprende a percibir conscientemente *su interdependencia con los universos vivientes que lo rodean*. La inteligencia que lo ha conducido previamente a comprender y a dominar su vida, toma ahora un rostro vivo en todo lo que le rodea y lo libera así definitivamente de los últimos restos de apegos o pertenencias egocéntricas que lo limitan y lo privan de su *grandeza universal.*

El hombre, hijo del Espíritu, sabe que su vida no forma más que uno con la piedrecita, con el árbol, con el pájaro y, finalmente, *Uno* con su hermano, *el ser humano*, independientemente de cualquier raza, color o sexo: ***todos en uno y uno en todos.***

Las letras que vibran por el Nonario son: **I, R.**

La **I**

Un trazo vertical, de aspecto sencillo y recto. Su rectitud expresa la realidad de la chispa viva que existe en todas las cosas, esa *Presencia* sin principio ni fin, ese 1 de pie sin ningún apoyo, que revela la verticalidad que dirige el Espíritu, el Alma y la Materia, todos en 1.

Expresa la aspiración a la rectitud y la determinación a observarla y a realizarla constantemente para elevarse mediante la escucha, la instrucción, el conocimiento y el don de sus conocimientos. Expresa también el deseo de servir, de aconsejar, de ayudar y de guiar a otros, pues esta vida exteriorizada a través del don permite una verdadera fecundación y despierta el sentido real de la *Vida,* tanto en el que da como en el que recibe.

No obstante, para dar ese amor, es imprescindible el desprendimiento del resultado, es decir, del reconocimiento del otro. Así se expresará con toda libertad y mostrará su poder creador. Esperar reciprocidad, por el contrario, aportaría una decepción y una pesadumbre teñidas del egocentrismo que siempre busca vanamente la satisfacción personal.

El Nonario le invita a superar su naturaleza humana y a vivir con la fuerza y el poder de lo Divino en *Sí mismo*, a fin de ser liberado de las coacciones de su parte humana difundiendo en ella su liberación.

Es una letra creadora, afectiva, que emite nuevas ideas con sinceridad y deseo de sensibilizar a otros en torno a la vida de esta fuerza creadora que existe en todos nosotros.

Frase clave: Con Intuición e Inteligencia, Invito al otro a Iniciar su Instinto y a Integrarse en la Individualidad Intrínseca que dirige su Identidad fuera de la Ilusión.

La **R**

Recuerda la forma de la letra P. La parte superior representa una reserva de conocimientos y de profundas experiencias que se sitúa por encima de su identidad, guiándola en su actividad concreta. Se refleja en ese descenso, voluntariamente querido, que devuelve a la vida su verdadero sentido, el de la *Presencia* que existe tanto en lo alto como en lo bajo, y que se vive y expresa a veces en el interior y a veces en el exterior.

Esta letra necesita enriquecerse de conocimientos para expresarlos después de manera concreta y visible.

Su visión de las alturas y de la elevación se refleja también en su deseo de tener amplio éxito en todo lo que emprende.

Su imaginación e intuición fecundas la empujan a ayudar y a guiar a los demás, con el deseo profundo de que todo le salga bien.

Su forma y su función la llevan a ver la Realidad de las cosas, aceptándola como una necesidad absoluta para la evolución.

Sólo tras un verdadero descenso puede efectuarse la elevación. Así se aprenden las lecciones, y la caída no se vive como un fracaso o una renuncia sino con el placer que llevan consigo la madurez y la plena realización.

El Nonario la invita a salir de sí misma, entregándose con convicción y auténtica satisfacción a la *Única Vida* que vibra a través de lo alto y de lo bajo, de lo positivo y de lo negativo.

Es una letra creadora, afectiva, a la que gusta transmitir su saber y ayudar al otro a realizarse.

Frase clave: Aprendo a Respetar la Vida en mí, a hacerla Respetable y Radiante en el otro, pasando del sueño a la Realidad hasta la Resolución y la Receptividad Real.

Las letras que vibran por el Nonario se expresan a través del **9** en la **I** y a través del **18** en la **R.**

Vibraciones del día de nacimiento

El Nonario vibra en todo ser nacido en su vibración y en él expresa su ritmo.

El **9**

El ser nacido el día **9** hace vibrar ese amor universal a través de una naturaleza abierta, cordial. Muestra una necesidad de comunicación enriquecedora y constructiva, siempre en busca de nuevos conocimientos que no tarda en expresar y en difundir a su alrededor de manera desinteresada y servicial. Mediante esa auténtica riqueza, siempre renovada en su contacto con los demás, disfruta acogiendo a las personas de su entorno, protegiéndolas, guiándolas y sirviéndolas incansablemente. Eso le pone frente a una realidad que debe comprender y asumir: la de protegerse de un agotamiento inútil. El deseo de servir a los demás se refleja en una personalidad que no sabe negarse a las llamadas exteriores a pesar de la llamada interior de su Ser profundo, que aspira a la tranquilidad y al reposo para alimentar su *Vida* interior y difundirla después espontáneamente.

El ser nacido el día **9** está llamado a comprender el sentido real del Amor Universal, el que sabe perdonar, abrirse sin juzgar y, sobre todo, irradiar la libertad de ser, sin coacciones ni barreras. Su vida se transforma así en un Sol que no se deja invadir por las emociones ni ganar por la ilusión.

Su divisa: Me gusta dar sin calcular, con la esperanza de que mi luz lo iluminará todo.

El **18**

El nacido el día **18** es un ser al que le gusta ayudar, aconsejar y aportar a los demás una dimensión concreta y física donde juntos puedan dilatar el corazón y sentirse bien, difundiendo después ese bienestar. Ese don es su principal desvelo, siempre preocupado por llevar a cabo la armonía interior para difundirla en su entorno.

El 1 le da el espíritu de iniciativa, de decisión y de afirmación interior necesarios para emprender proyectos y remontar obstáculos. Le recuerda también *su Unidad con el Todo.*

El 8, que expresa su naturaleza, revela la preocupación por exteriorizar su ideal para vivirlo inteligentemente, manteniendo el equilibrio entre su ser y su entorno. Así puede irradiar su equilibrio y vivirlo en perfecta armonía.

La vibración del Nonario le invita a aprehender sabiamente la armonía que vibra en el interior del Ser liberado de toda coacción, a expresar lo que él *es en verdad, tanto* en su cuerpo como en su personalidad.

Concede así al otro la libertad de ser, sin pretender ayudarlo en todos los detalles, pues esto lo agotaría y anularía sus energías vivas.

Su divisa: Difundo mi alegría de vivir cuando todo está equilibrado en mi vida.

El **27**

El nacido el día **27** aspira a comprender el sentido de la *Vida* que se da y se expresa en todos y en todo.

El 2 revela su naturaleza afectuosa, dulce, titubeante, siempre a la búsqueda de comprensión y de colaboración con los demás para disfrutar de tranquilidad y de paz interior. Le recuerda también su doble naturaleza *Humana* y *Divina.* El 7, que exterioriza esa naturaleza, revela su sed de analizar y de conocer el sentido de todo lo que le rodea con inteligencia y discernimiento. Esa comprensión le ayuda a equilibrar, a pesar de sus dudas, su naturaleza, que tiene necesidad de seguridad, y su deseo de guiar, de aconsejar y de enriquecer a su entorno.

El Nonario le invita a salir confiadamente de sí mismo, exteriorizando sin temor alguno su aspiración de comprender y de expresar la vida. Metido de lleno en la acción, la escuela de la vida le enseña a percibir, a captar el sentido de la *Unidad* en la diversidad, sin abandonar por eso una búsqueda interior profunda. En efecto, la exteriorización refleja como un espejo el camino que debe efectuarse en el interior. Lo mismo que la respiración, la espiración engendra un vacío que puede contener una nueva inspiración y permitir una continuidad enriquecedora y viva.

Su divisa: Me gusta comprender y aprender para poder comunicar a mi entorno mi riqueza interior.

Número de fuerza

Cuando el Nonario actúa como número de fuerza en la vida de un ser, le invita a *dar libremente* sin esperar nada a cambio, a *Ser sin límite,* como el sol Es. Ese don le permite captar el sentido y la importancia de la encarnación humana, que no es más que un *don continuo,* como un combustible vivo que alimenta *la llama divina.*

Toda su fuerza reside en ese sentido *de liberación total* con el que alimenta *la llama universal* que representa una realidad viva que hay que conocer y expresar individualmente.

3. La interrelación entre los números

Los números son energías activas, y su acción se interpenetra, se modula y se adapta de manera global. Eso permite una fusión constructiva en la vida de los seres vivos.

La interrelación se manifiesta a través de tres aspectos diferentes:

1. relación individual
2. relación binaria
3. relación ternaria

1. Relación individual:

En su relación con los demás, cada número actúa según su propia naturaleza.

Esa relación puede ser dinámica, tormentosa, liberadora o dispersante. Todo depende del impacto energético de un número sobre otro.

Ejemplo: El **1**, que es un número dinámico, de fuego, impulsa y dirige con bastante independencia.

Frente al **2**, lo dinamiza y libera su naturaleza reservada, discreta. Le da un aspecto más brusco, menos conciliador y más autónomo.

Frente al **3**, acelera su expansión y fortalece su naturaleza extrovertida y su inteligencia. Hace más autónoma su creatividad, la afianza.

Frente al **4**, el **1** lo empuja a actuar, a salir de su letargo, y lo fuerza a manifestar su sentido práctico, concreto. Lo dinamiza y hace que actúe con más seguridad.

En estos ejemplos, constatamos que la naturaleza del **1** actúa en coordinación con la naturaleza del número que encuentra a su paso.

Si aparece alguna tensión en las relaciones que hay entre los números, eso significa que el ser que lo vive no ha integrado correctamente el mensaje, o más bien el funcionamiento energético del número.

El número es una entidad viva, por lo que no se limita a ejercer su acción en un sector determinado, ni de modo absoluto; por el contrario, es un potencial de energía de aspecto variable según la necesidad del momento presente.

2. Relación binaria:

La energía del número actúa a través de dos manifestaciones principales:

a) Una de ellas es de naturaleza emisora, dinámica, impulsora y de carácter activo.

Esta manifestación se revela en todos los números impares masculinos: el **1, 3, 5, 7, 9, 11** y **33.**

b) La otra es de naturaleza receptora, reservada, interiorizada y permeable a las influencias de manera general.

Se revela en todos los números pares, femeninos, excepto en el **8** que es un número andrógino y posee las dos naturalezas a la vez. Los números pares son: el **2, 4, 6, 8,** y **22.**

En esta relación binaria hay otra interrelación opuesta y complementaria a la vez. Aparece en la relación entre:

$2\,/^{5}\quad 4\,/^{7}\quad 6\,/^{9}$

Cada uno de esos números pares es de naturaleza sensitiva,

reservada, el objeto de sus actuaciones prácticas es obtener un capullo protector que satisfaga su necesidad de protección.

En cambio, los números impares que completan su función son de naturaleza opuesta: extrovertida, mental, estimulada por la investigación, la búsqueda y las experiencias nuevas.

3. Relación ternaria:

La relación ternaria entre los números es la que manifiesta 3 dimensiones en su funcionamiento:

a) la dimensión del concepto o de la voluntad
b) la dimensión de lo experimentado o de la planificación
c) la dimensión de lo manifestado o de lo concreto.

Cada dimensión actúa a la vez sobre su propio plano y sobre los otros dos.

La influencia de cada número en una dimensión concreta aporta una experiencia suplementaria a la nueva dimensión en la que actúa.

1. el concepto abstracto el concepto en acción (modulable) el concepto manifestado	el 1, el 4, el 7
2. lo experimentado abstracto lo experimentado en acción lo experimentado manifestado	el 2, el 5, el 8
3. la manifestación abstracta la manifestación en acción la manifestación concreta	el 3, el 6, el 9

Todas estas relaciones producen entre los números una interpenetración positiva, constructiva, que revela a la personalidad su fuerza, su naturaleza y su funcionamiento según la energía primordial que brota del espíritu, del alma y del ser.

DIFERENCIA ENTRE EL DESPERTAR DE LA INTELIGENCIA EN LA MATERIA Y EL DESPERTAR DE LA CONSCIENCIA

El Despertar de la Inteligencia se produce a partir del momento en que las moléculas de la materia comienzan a darse cuenta de su autonomía y, al moverse en ese espacio de libertad que les ha sido concedido perciben su dimensión y su propia vibración.

Ejemplo: El vuelo del pájaro. Cuando el pájaro despierta a la función de sus alas, comienza a desplazarse de un lugar a otro midiendo la fuerza de sus órganos y, desplazándose por encima de los obstáculos, alcanza su objetivo.

El Despertar de la consciencia se produce cuando las moléculas de la materia, conociendo plenamente su naturaleza y sus diversas funciones, se sumergen en otra dimensión, de la que poco importan su fuerza y profundidad porque conduce directamente al espacio energético vital que alimenta realmente la fuerza y limitación aparentes del movimiento.

Ese espacio energético vital reside en lo más profundo del corazón de cualquier ser vivo.

Para alcanzarlo se requiere concentrarse intensamente y dejarse llevar por el funcionamiento ordinario del Ser hasta que se fusionen *Pensamiento y Acción* y se conviertan en la irradiación natural de la energía vital que existe en el seno del movimiento.

Ejemplo: El pájaro conoce muy bien la función y la fuerza de sus alas. En un momento dado, sin embargo, olvida la razón de su elevación por los aires y no vive más que la *alegría* que le procuran sus alas. Cuando se divierte danzando en el viento, o cuando se eleva por encima de las cumbres de las montañas, es cuando toma conciencia de dominar su elemento, el aire, gracias al dominio de su cuerpo y de sus movimientos.

La toma de conciencia es el resultado de la inteligencia y del entrenamiento vivido que la transmite. Esa unión entre el pensamiento y el saber hacer engendra el dominio y el *despertar de la consciencia.*

La concentración objetiva eleva la energía del individuo. La acción que aporta la mente se difumina para saborear el contacto vivo de la otra dimensión que le llama. La observación analítica se libera entonces de los criterios de evaluación y se deja arrastrar por la corriente viva que existe en el seno de la acción.

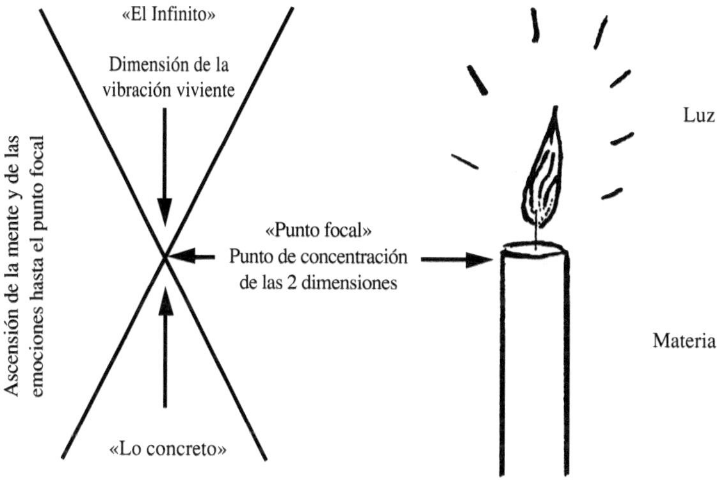

4. *Definición de los diversos aspectos tratados en un tema numerológico*

Plano del tema numerológico - el circuito alfabético

1. *El Impulso Espiritual*: Es el carácter de la energía primordial que anima al ser desde su nacimiento hasta su eclipse terrestre, los impulsos del alma. (Para obtenerlo hay que sumar las vocales que componen el nombre y los apellidos.)
2. *La Vibración del Yo*: Es la energía recibida y codificada por la personalidad para expresar el lenguaje del alma. (Para obtenerla hay que sumar las consonantes que componen el nombre y los apellidos.)
3. *La Expresión*: Es la exteriorización de la energía de interrelación entre el lado invisible transportado por el Impulso Espiritual y el lado visible transportado por la Vibración del Yo. (Para obtenerla hay que sumar el Impulso Espiritual + la Vibración del Yo.)
4. *La Clave*: Es un número trampolín debido a su energía, abre las puertas de la existencia. (Se obtiene sumando todos los nombres de pila.)
5. *El Número Axial*: Es una energía centralizada alrededor de la cual gravitan las circunstancias y los acontecimientos, los cuales la ponen luego de manifiesto en la personalidad. Representa la actitud que hay que tener para

vivir en armonía. (Se obtiene sumando la Expresión + el Camino de Vida.)

6. *El Camino de Vida*: Es la naturaleza del camino emprendido por el ser para realizarse, y sus diversas facetas. (Primero se suma la fecha completa de nacimiento, colocada en vertical; ese resultado se reduce sumando sus cifras horizontalmente.)
7. *La Iniciación Espiritual*: Es la síntesis de las experiencias adquiridas durante la existencia, que llevan a comprender el sentido de la encarnación y su objetivo. (Se obtiene sumando el Impulso Espiritual + la Expresión + el día de nacimiento + el Camino de Vida.)
8. *La Inclusión*: Es la distribución de las diferentes energías activas en el ser humano que constituyen su individualidad. (La distribución de las vocales y de las consonantes del 1 al 9.)
9. *Los Desafíos*: La energía que la personalidad ha codificado mal por falta de madurez o por inconsciencia. (Se obtienen restando los valores rítmicos del mes, del día y del año de nacimiento.)
10. *El Puente Iniciático*: Es la energía, velada tras la manifestación, que abre el acceso a las potencialidades ocultas para hacerlas fructificar. (Es la diferencia rítmica entre cada número del 1 al 9 y su manifestación a través del nombre y de los apellidos.)
11. *Los Ciclos*: La naturaleza de la energía de cada período de la existencia que irá articulando los acontecimientos y su afluencia (3 ciclos: mes, día y año.)
12. *Las Realizaciones*: La energía adquirida según la calidad de vida con la que se hayan vivido las diferentes experiencias a través de los Ciclos. (Suma de los valores rítmicos del mes + día + año de nacimiento.)
13. *El Circuito Alfabético*: Es la definición del carácter del individuo según los diversos temperamentos. (Distribución de las letras de los nombres y apellidos según su naturaleza, correspondiendo a los 4 elementos y a las 3 dimensiones.)

El Impulso Espiritual

1

Cuando actúa la vibración de este número en el interior de un ser, revela una firme voluntad y un vigor profundo que empujan al individuo a querer realizarse gracias a sus propias ideas; su acción se ve estimulada por la ambición y el deseo de progresar.

Desea ser independiente, dirigir e ir hacia delante. Es capaz de ocuparse de grandes proyectos; es fascinante y brillante conversador; además, su impulso dinámico y su fuerza interior favorecen el éxito y la admiración que despierta en su entorno.

Este carácter, que corresponde al elemento fuego, tiene sin embargo otra faceta bajo la que aparece cierto egoísmo y pretensión.

Para obtener verdadero éxito debe observar y cultivar la diplomacia y el respeto a las ideas de los demás.

El fuego que actúa en su interior puede ser ahogado por la decepción causada por los condicionamientos sociales, lo que haría del individuo un ser cansado, dejando caer los brazos ante situaciones en las que se requiere valor y mucha energía.

Debe cultivar la confianza en *Sí mismo* y practicarla en momentos difíciles.

En el plano de la salud:

Tiene que respirar bien para calmar los nervios y tranquilizarse; hay que evitar el agotamiento por cansancio excesivo.

Mensaje del 1 en el Impulso Espiritual:

Sé 1 en todo lo que emprendas, sé germen creador. En ese arranque sin titubeos residen tu fuerza y tu vida; pero no olvides nunca los vagones que arrastras: cuanto más aceptes su peso, tanto más se confirmará y se manifestará tu fuerza.

2

Este número revela un deseo profundo de armonía que empuja al individuo a adaptarse y a cooperar con los demás sin imponer su punto de vista a fin de mantener en su entorno una atmósfera tranquila y grata.

Todas sus ideas o acciones emanan de esa búsqueda constante de paz. La discreción, la diplomacia y la sensibilidad respecto a los demás son sus bazas.

Esta vibración revela también una persona afectuosa, tierna, que busca el amor y desea el encuentro con el alma hermana que le dará la oportunidad de salir adelante.

Esa ternura y esa diplomacia no excluyen la susceptibilidad y el lado impresionable de la persona, pues ese carácter tan dulce puede transformarse en otro radicalmente opuesto –falta de tacto, indiscreción y mentira– por decepción y sensiblería, despertando el descontento y la indiferencia respecto a los demás.

En el plano de la salud:

Ten cuidado con los excesos en la alimentación y vela para que la paz arraigue verdaderamente en tu vida interior; como consecuencia, el plano glandular funcionará equilibradamente.

Mensaje del 2 en el Impulso Espiritual:

Debes estar a la escucha de todo lo que se te presente; las apariencias no son necesariamente la realidad.

Debes centrarte en esa actitud silenciosa, objetiva, sin emitir juicio alguno, a fin de captar el sentido oculto de las cosas.

El *Amor* es un sol que emana del interior e irradia hacia el exterior. Que tu sol brille primero en ti; su calor reconfortante atraerá a los que necesiten de él.

3

La energía que brota del fondo del ser pone de manifiesto el gusto por el contacto con el entorno y la alegría de vivir. Es el artista nato, le gusta la belleza en todas las cosas, materiales o morales. Agradable, despreocupado y optimista, disfruta expresándose y exteriorizándose en todos los campos.

Se le abren muchas puertas. Le van bien los oficios atrayentes, activos y comunicativos.

Sin embargo, si la persona no sabe permanecer sinceramente humilde y abierta respecto a los demás, la envidia puede transformar esa energía de fuegos artificiales y de belleza en espíritu crítico y en vanidad. Quererlo todo y desearlo todo al mismo tiempo puede conducir a una falta de concentración y de paciencia, y desembocar en una gran dispersión. Para evitarlo, hay que ser claro en todas las cosas, y no empezar nada hasta haber terminado el trabajo empezado anteriormente.

En el plano de la salud:

No te sobrecargues, respira profundamente y concédete el tiempo necesario para terminar lo que comiences.

Mensaje del 3 en el Impulso Espiritual:

Lo que resplandece verdaderamente en ti es tu sonrisa, hermosa por su sencillez. El resto no vale la pena si es para hacerte brillar.

La hermosura de un niño no está situada en un lugar determinado del cuerpo: su espontaneidad, su alegría y su sencillez bastan para hacer de él una belleza real y perfecta. Que tu mirada sencilla y tu actitud sincera sean tu tarjeta de visita.

4

Esta energía, que corresponde al elemento tierra, le empuja a concretar con minuciosidad y orden. El método, la paciencia y la organización son sus bazas. El **4** revela el deseo intenso del ser de trabajar en un campo determinado, donde primen la puntualidad y el sentido práctico.

Dotado de espíritu de servicio, inspira confianza a sus semejantes, que saben reconocer sus méritos. Este ser, tierno por naturaleza, necesita un afecto que no siempre sabe granjearse, pues su apariencia rígida y severa no le favorecen.

Conservador y discreto, puede secundar a un superior y asegurar el éxito gracias a su mirada realista.

Esa energía, firme como la roca, puede verse sacudida violentamente y resultar de ello una actitud de impaciencia y de negligencia respecto al prójimo, porque si, exagerando sus cualidades de vigilancia y de firmeza, se transforma en corriente estática y rebelde, se autolimitará al centrarse en sí misma.

En el plano de la salud:
No te sacies únicamente de alimentos, observa en ese campo la moderación: ni demasiado, ni demasiado poco. Te resultará beneficioso pasear por la Naturaleza, así como el equilibrio en la alimentación, que debe ayudarte a regenerarte y no a recargarte.

Mensaje del 4 en el Impulso Espiritual:
Tu verdadera estabilidad reside en la sensatez y en la lucidez frente a las realidades de cada día; pero debes saber que nada es constructivo al principio, excepto tu propia realidad. No te dejes aprisionar por los criterios externos. Actúa, el fruto del momento presente te inicia en el sentido real de la vida.

5

La energía de este número se despliega en un amplio campo de libertad; el individuo desea el cambio continuo, los viajes, la novedad en todas las cosas, y muestra soltura, perspicacia e inteligencia en la búsqueda del progreso. Establece fácilmente el contacto con el prójimo, y se comporta con él sin ataduras ni implicación.

Esa libertad, deseada en todos los planos, actúa principalmente en el plano afectivo, y hace que el ser aspire a vivir libremente sus pasiones para enriquecerse, para experimentar y conocer sus límites. Los vínculos representan para él unas cadenas a las que no tiene ninguna prisa por atarse y de las que huye.

Si esa energía, liberadora como el aire, no es vivida con moderación se apoderarán de él la inestablidad y el desorden: la persona abusará de su libertad y no mantendrá ninguna promesa. La puntualidad deja mucho que desear.

Asume hasta el final las responsabilidades del momento presente; no te prives en ningún caso de la libertad de ser.

En el plano de la salud:

La columna vertebral es tu punto sensible; los ejercicios del yoga de posturas, acompañados de una respiración equilibrada, te ayudarán a armonizar tus energías físicas y psíquicas.

Mensaje del 5 en el Impulso Espiritual:

Tu verdadera libertad reside en tu capacidad de deshacerte de lo viejo sin implicarte en ello; la vida es movimiento y renovación continuos.

Tienes la gran responsabilidad de vivir realmente el momento presente; no la rehuyas, pues contiene el germen creador del mañana.

6

El ser regido por el **6** aspira al equilibrio y a la estabilidad desde el fondo de su corazón. Le atrae todo lo que lo representa, como un hogar estable, algunos amigos y un entorno armonioso.

Tiene muchas aptitudes, sentido de la responsabilidad y del deber bien cumplido, y le gustan el orden y la armonía.

Tiene gran capacidad para comprender a los demás, desea reconfortarlos y aliviarlos, lo que sabe hacer con tacto y diplomacia. Le atraen las carreras de tipo humanitario y los intercambios constructivos, pues en ellos puede ejercitar su sentido de la justicia y su idealismo. Ese noble carácter de tanta sabiduría puede verse enturbiado si no se adapta a las exigencias del momento y a la diferencia existencial entre los seres que le rodean; en cuyo caso, todo esto puede desequilibrarlo en vez de armonizarlo con su entorno, y manifestará hacia él rechazo, egoísmo, envidia y negligencia.

En el plano de la salud:

Debes cuidar el estómago y los intestinos; las tisanas digestivas y laxativas te ayudarán a equilibrar el vientre. El masaje hecho conscientemente armonizará tus órganos.

Mensaje del 6 en el Impulso Espiritual:

La armonía y la paz espiritual que te atraen y que buscas irradiarán al exterior en cuanto se calmen las olas devastadoras de tus emociones y cese tu implicación personal.

Y puedes liberarte de esta última a través de dos hermosas cualidades como son la observación y la moderación. La aceptación de Ti mismo, sin compararte con los demás ni proyectarte en otros, es una baza que has de vivir profundamente para armonizar tu serenidad con la del otro.

7

El impulso de la energía de este número lleva a la persona a apreciar el silencio y a buscar la soledad para interiorizarse, analizarse y comprender el sentido oculto de la vida y de las cosas.

Esa inclinación hacia la soledad no atenúa la importancia concedida a las asociaciones y al matrimonio sagrado, en cuyo seno su espíritu de búsqueda y de comprensión va adiestrándose en el conocimiento del sentido de la vida.

El interés principal de la persona se dirige hacia la observación, la ciencia, la filosofía o las religiones para comprender el sentido oculto de las cosas. Es generalmente un ser discreto. No manifiesta sus sentimientos: para entregarle afecto y recibirlo de él hay que conocerlo bien. Sin embargo, esa interiorización emocional y afectiva desvela un magnetismo que atrae a su entorno y le aporta paz. Esa naturaleza discreta, conocedora e inteligente puede mostrar un escepticismo y una inquietud desestabilizadores, incluso una falta de fe que sustituya la paz interior por el miedo y la cólera.

Tiene que desarrollar el sentido de la universalidad, sin juzgar a nadie; la reflexión y la meditación pueden ayudarle a purificar el escepticismo y el orgullo.

En el plano de la salud:

Beber todos los días en ayunas y respirar bien conscientemente, al menos tres veces al día, te ayudará a calmar la tensión de nervios y te purificará los riñones.

Mensaje del 7 en el Impulso Espiritual:

Cuando estés saturado de dudas y preguntas, actuará la fuerza que reside en el seno del silencio. El silencio te aportará respuestas y te reconfortará.

Pero ese imprescindible silencio no debe impedirte comunicar con los demás con discernimiento, con confianza y sin juzgar a nadie.

8

Este número, complejo y potente al mismo tiempo, conduce al ser a amar, a buscar enigmas y dificultades para superarlos y vencerlos; esa lucha encarna su determinación y su fuerza interior.

Su fuerza innata suscita el deseo de expresarse en el plano material, de actuar con confianza y valor. Su sentido práctico y su búsqueda de perfección le capacitan para ejecutar y mandar.

Entre sus cualidades figuran la generosidad y su facilidad natural, que da la impresión de no hacer ningún esfuerzo, lo que no evita su ambición y su apetito de aspirar al éxito material. Puede alcanzarlo si es razonable y positivo en su vida, apreciando las cosas en su justo valor.

Esa naturaleza de fuego, de líder, puede transformarse en fuego volcánico que escupa lava de cólera, de intolerancia y de destrucción por falta de desprendimiento y de justicia para con el prójimo.

En el plano de la salud:

Gastar equilibradamente energías físicas mediante la práctica de algún deporte, te ayudará a relajarte y a poner en orden tus ideas y te evitará problemas glandulares y circulatorios.

Mensaje del 8 en el Impulso Espiritual:

Tu sentido de la justicia respecto a ti mismo y respecto a los demás, es lo que te confiere tu fuerza, que aplicas con lucidez al atribuir a las cosas su verdadero valor, sin exageración. El instrumento no puede en ningún caso convertirse en dueño de una situación en la que cada uno ocupa su lugar.

Sé ese alquimista que sublima la materia mediante la vida del espíritu, para que todo lo que haces sea tu viva imagen.

9

Este número, culminación e irradiación a la vez, hace del individuo un ser que aspira al conocimiento y desea un "más allá" para aprender y descubrir, y poder así prodigar consejos y ayudar a los demás.

Su sed de servir, de aliviar y de guiar con comprensión, con generosidad y nobleza agudizan su altruismo y desarrollan su intuición y sus dones artísticos encarnando en él belleza y armonía.

Se caracteriza por su delicadeza y su reserva, aunque tiende a ir hacia los demás y a vivir bajo las alas de su comprensión y de su afecto.

Ese carácter de amor inagotable puede esconder envidia y egocentrismo porque, a fuerza de dar importancia a la mirada y al juicio de los demás, puede hacer crecer la emotividad y desarrollar la decepción y el rencor.

Debe amar como ama el sol. Cuanto más se realiza en su propia vida, tanto más irradia, independientemente de aquellos sobre los que la difunde.

En el plano de la salud:

Un deporte relajante como la bicicleta, el golf o la equitación podrían favorecer la armonización de tus energías.

El páncreas necesita un cuidado especial.

Mensaje del 9 en el Impulso Espiritual:

El sol que emana de tu corazón no necesita espejo alguno para brillar. Libérate de toda espera de reconocimiento.

La impersonalidad es tu verdadera fuerza. Si eres *Uno* con el universo, él te lo devolverá todo con creces.

11

Este número es llamado número principal, porque las dos octavas que lo forman representan a la vez la fuerza propulsora y la inteligencia activa. Así pues, el 11 es el número del poder divino, del idealismo y de la intuición.

Si es número de Impulso Espiritual, su energía incita y guía al que la vive a llevar a cabo su intuición y su sentido de la espiritualidad.

Ese ideal, inscrito en él, deja entrever la imagen de un soñador optimista que desea comunicar al mundo sus aspiraciones.

Su ingeniosidad divina, inspirada, hará de él un ser capaz de grandes realizaciones en el plano material partiendo de casi nada.

Las dificultades no le desaniman ni disminuyen su fe interior. Sin embargo, esa energía divina requiere un gran discernimiento, sin el cual derivaría en intolerancia e incomprensión. Querría imponer proyectos idealistas, pero es incapaz de emprenderlos y de asumir cualquier cosa seriamente, porque las dificultades materiales le contrarían y agotan su fuerza.

La verdadera fuerza que hay que cultivar es la serenidad interior y la capacidad de observar profundamente.

Mensaje del 11 en el Impulso Espiritual:

Sé ese canal vertical entre cielo y tierra; mantén la calma en todas las circunstancias y escucha la enseñanza que te aporta cada situación.

Así es como tu fuerza divina actuará con amor, sin herirte ni a ti mismo ni a ninguna persona de tu entorno.

22

Número principal igualmente, el doble de 11. Cuando el poder divino encarnado por el 11 se multiplica por dos, la inspiración proyectada desde los planos superiores se concretiza en los planos correspondientes, que no son más que el reflejo y la manifestación concreta de los primeros.

El **22**, cuya esencia es el 4 (construcción), es un número excepcional. Su fuerza e inteligencia activas pueden construir con talento y magnificencia, pero también pueden destruir, pues si la sabiduría no domina la inteligencia, ésta se convierte en orgullo y en fuerza destructora.

El ser que vibra por este número es un idealista, capaz de concretar sus ideales en el plano material en beneficio de todos.

Posee una gran fuerza y un sentido lógico que le ayudan a llevar a cabo grandes empresas a nivel internacional.

La inteligencia y la serenidad que lo caracterizan le favorecen el éxito en todo lo que emprende.

Este ser universal puede mostrar algunos aspectos opuestos a los anteriores, como cierto arribismo a costa de los demás o una carencia de energía que obstaculice la realización de grandes proyectos.

Es imprescindible que cultive la impersonalidad, motor que ha de cuidar con disciplina para poder desembocar en la concreción «de los proyectos».

Mensaje del 22 en el Impulso Espiritual:

El constructor universal presente en ti se despierta gracias a tu laboriosidad en medio del silencio y de la paciencia. Debes cultivar la libertad de ser y el desprendimiento de todo lo que amenaza con ahogar la energía divina que actúa en ti.

33

No hay más que un mensaje para el ser que vibra por ese número y aprende a conocerlo:

La llama de Amor divino que emana de ti brilla en tu capacidad de aceptar las realidades y de plegarte a las exigencias del momento con inteligencia y pleno conocimiento de causa. Así, sin que tú te impliques, aparecerá en ti la verdad y te iluminará el camino a seguir, a ti y a todos los que te rodean.

Para aprehender el sentido de la energía del Impulso Espiritual (vibración esotérica) es necesario leer la explicación del día de nacimiento y comprender la interacción de esos dos números durante el ciclo más activo de la vida (que está influenciado por la energía del nacimiento).

Ese ciclo comienza en general a los veintinueve años.

La Vibración del Yo

1

El ser que vibra por ese número no acepta las ideas del prójimo sin desmenuzarlas y transformarlas a su manera.

Es una persona a quien le gusta dirigir, y está dotada para la creatividad en todos sus aspectos, siempre orientada hacia grandes realizaciones.

La audacia y el coraje de sus opiniones le abren las puertas del éxito en muchos campos, siempre por sus propios méritos.

A menos que predomine la modestia en sus tendencias, es de temer que el carácter evolucione hacia un aspecto tiránico y egoísta que ahuyentará a sus amigos. También podría ocurrir que, a fuerza de gastar sus energía en acciones egocéntricas, se refugiara en una indiferencia respecto a todo, incluso respecto al éxito, y fuera incapaz de hacer frente a cualquier cosa, porque el agotamiento haría de él una persona sin opinión que necesitaría de los demás para adoptar una posición concreta.

Mensaje del 1 para esta persona:

La fuerza de tus actos se manifiesta en la decisión concreta y firme de tu ser; busca claramente esa decisión, y aplícala. Dará resultados positivos con toda seguridad.

2

Cuando este número hace vibrar a una persona, muestra un carácter muy dulce, dócil e indulgente. Se adaptará e intentará siempre equilibrar los acontecimientos para saborear la paz que resulta de ello.

Diplomática por naturaleza, discreta y comprensiva, es una persona que atrae las confidencias, suscita los sentimientos y el afecto de los demás, con quienes puede encariñarse fácilmente y establecer a veces un vínculo de dependencia.

Se hará notar por su modo de ser habitualmente tranquilo, tímido; la indecisión y el desorden pueden aparecer como puntos débiles.

La lucidez y la sensatez deberían coronar ese carácter dulce; de lo contrario, aparecerían una susceptibilidad, una impaciencia y un egocentrismo que harían huir a su entorno, lo que le apenaría, pues necesita de los demás para ser feliz.

El hecho de que todo le afecte tanto, dará lugar a contradicciones, conflictos y grandes tensiones que separarán en lugar de unir.

Mensaje del 2 para esta persona:

Los vínculos y el acuerdo que buscas con los demás no podrán establecerse realmente hasta que hayan cesado en tu interior todas las contradicciones. Vibra al unísono contigo mismo, eso apartará la dualidad de tu camino.

3

Éste es un carácter que comunica con su entorno sin cesar, siempre con tacto, diplomacia y buen humor.

En su vida diaria son frecuentes las reuniones con amigos y conocidos, lo que le permite expresarse con una elocuencia y una inteligencia notables.

Tiene un aspecto elegante que no duda en subrayar para disfrutar de la admiración o de la diversión que causa a los que le rodean.

Le atrae lo espectacular y le gusta tener en ello un papel que ponga en juego sus competencias.

Si le faltara claridad, ese carácter alegre, lleno de humor y de imaginación se convertiría en insoportable para sí mismo y para su entorno, pues la superficialidad y las mundanalidades desembocarían en una gran dispersión y alimentarían una ilusión que oscurecería su mirada. Llevaría una máscara que le velaría el sentido real de la vida, que necesita absolutamente comprender y vivir.

Mensaje del 3 para esta persona:

La comunicación y la alegría de vivir podrán expresarse siempre y cuando reine en tu interior la claridad de intenciones. Y las relaciones que establezcas con tu entorno las reflejarán con sencillez, sin necesidad de máscara o de desempeñar falsos papeles.

Transparencia y sencillez es la consigna para vivir sanamente.

4

Es la persona meticulosa, ordenada, que trabaja gustosamente y con ardor para establecer unos métodos que, además de ser muy prácticos, hagan sentir seguridad.

El trabajo y la organización son su principales preocupaciones. Gracias a su naturaleza y a su complexión resistente y sólida, se granjea la confianza de los demás para llevar a cabo correctamente algunas tareas difíciles. Lento al principio, al comenzar algo, se toma algún tiempo para comprender y establecer un plan de acción, que prevé con claridad, a fin de utilizar los medios de que dispone para ponerlo en práctica y llevarlo a cabo con éxito.

Los métodos y planes concretos amenazan con cortar las alas a este carácter realista y sosegado, en cuyo caso se obstinará en sus criterios, basados en las tradiciones y en los convencionalismos establecidos.

Esa rigidez se reflejará tanto en su aspecto como en su comportamiento, lo que puede crear un bloqueo que impida su realización física y moral.

Mensaje del 4 para esta persona:

Para que tu vida y tus actos sean positivos y constructivos, aprende a actuar con confianza en ti mismo, sin contar con los criterios externos o del pasado.

Busca en todas las cosas una motivación real para manifestar tu destreza y modelarla vivamente.

5

Este carácter, correspondiente al elemento aire, busca los grandes espacios, el aire libre y el cambio; en él se manifiesta la libertad. Le atraen los viajes y el descubrimiento de todo tipo de novedades en todos los campos. Es una persona comunicativa, dulce, inteligente y de una gran facilidad de adaptación. Esas cualidades favorecen su facilidad de expresión y de intercambio, incluso en varias lenguas. Siempre presto a remontar los obstáculos, apasionado en sus motivaciones, progresa y vive el máximo número posible de experiencias para comunicarlas y obtener de ellas frutos positivos y enriquecedores.

Ese carácter lozano y abierto constantemente a la novedad puede convertirse en inestable e irritable debido a la insatisfacción permanente que le produce estar siempre en la busca de conquistas pero sin asumir las responsabilidades hasta el final.

Mensaje del 5 para esta persona:

La riqueza de la novedad que buscas y que manifiestas se encuentra en tu capacidad de reconocer con gratitud las pequeñas satisfacciones que puedes vivir en todos los acontecimientos. Debes admitirlo interiormente como una fuente de vida, sin volverle la espalda para buscar la novedad y lo sensacional en otra parte.

6

Esta persona tiene un carácter conciliador, afectuoso y protector. Le gusta aceptar responsabilidades y las asume con destreza y disciplina: su sentido del deber y su tacto atraen a su lado a personas que buscan consuelo, ayuda y amor. Establece en su medio y en su entorno la estética y la armonía.

Le preocupan la vida de familia y su equilibrio. Tendrá siempre el papel principal en el seno de la familia, asegurando el bienestar y la armonía interior que deben reinar para crear un ambiente grato y tranquilizador.

La implicación excesiva en los acontecimientos de ese carácter protector y responsable, engendrará decepción, amargura o autoridad exagerada que, en lugar de generar armonía, serán fuente de conflictos y dificultades.

Mensaje del 6 para esta persona:
La armonía y la belleza que buscas y deseas instaurar no pueden reinar más que a través de la aceptación de ti mismo y del otro. Así, cada dificultad será una lección de enriquecimiento para ti y para él.

7
Este número revela un carácter tranquilo, discreto, siempre tratando de comprenderlo todo.
Los debates y los medios científicos o analíticos le atraen y presentan para él un gran interés, porque en ellos puede poner a prueba sus conocimientos y sus competencias intelectuales y profesionales.
Las realidades terrestres le escapan un poco, porque necesita creer y tener una razón lógica para admitirlas a la hora de actuar en el plano concreto.
Personaje sociable a pesar de su discreción, utiliza su inteligencia y su discernimiento con un objetivo enriquecedor, siempre deseoso de comprender, de conocer y de controlar los acontecimientos.
Cuando ese carácter de búsqueda es llevado al límite, pierde la paciencia, juzga, y no opera ningún cambio positivo en sí mismo ni en su entorno; corre entonces el riesgo de encerrarse en sí mismo y convertirse en un ser destructor.

Mensaje del 7 para esta persona:
Sólo si cuidas la paz en tus pensamientos y en tus actos, podrás encontrarla a tu alrededor. El verdadero dominio no consiste en controlar los acontecimientos, sino en actuar con discernimiento en el sentido de la corriente, no a contracorriente.

8
El carácter de esta persona se manifiesta a través de un dinamismo y de una gran fuerza frente a las dificultades y a las complicaciones reales. Ambicioso, está siempre a la búsqueda de conocimientos prácticos para mejorarlos y utilizar-

los hábilmente para conseguir el éxito. Los grandes proyectos y las múltiples responsabilidades lo estimulan y le permiten manifestar sus competencias.

Está siempre en movimiento para gastar su reserva energética, intentando brillar de manera positiva y enriquecedora. Cuando ese carácter, animado por el fuego, vire al exceso, su dinamismo se manifestará de manera autoritaria y dominadora.

Nada puede detenerlo para alcanzar sus fines. De lo contrario correría el riesgo de caer en una profunda depresión, destructora para él y para su entorno.

Mensaje del 8 para esta persona:

El secreto del éxito reside en el centro de las cosas, donde no puede haber ningún exceso porque todo está dirigido por un equilibrio perfecto. Cuando comprendas esto, expresarás realmente tu fuerza y tu poder.

9

El carácter de este número es el de una persona que actúa y trabaja incansablemente con un espíritu humanitario dispuesto a aconsejar, a ayudar y a ponerse a disposición de todos los que necesiten de él. Siempre está en movimiento, tratando de aprender y de aplicar su experiencia y su saber para el bien de todos, con generosidad y un entusiasmo verdaderamente caluroso.

La magnanimidad y cuanto hay de luminoso en todas las cosas le atraen. Optimista e idealista en general, se le escapan los detalles, dada su visión global de las cosas.

Ese carácter hermoso y radiante corre el riesgo de caer en el agotamiento o en la desilusión frente a las realidades de la vida, lo que engendraría un egocentrismo y una melancolía que harían de él una persona agresiva, decepcionada y pesimista.

Mensaje del 9 para esta persona:

La ayuda y la curación que tratas de vivir en ti mismo y aportar a los demás residen en el desapego ante el resultado esperado.

Céntrate en el acto positivo que sale de tu corazón, sin preocuparte de su impacto vibratorio. Dará sus frutos en el momento oportuno.

11

Es una persona inteligente, con mucha delicadeza y una gran sensibilidad, lo que le permite captar el sentido oculto de las cosas y hacerlas fructificar con seguridad y una gran fuerza energética.

Con un oído tendido hacia los acontecimientos y el otro hacia su causa invisible, va siempre por ese camino de dimensiones paralelas, lo que le permite asumir grandes responsabilidades con sensatez y éxito.

A pesar de dárselas de conocedor, es una persona muy afectuosa y, a través de sus actos, busca la serenidad y trata siempre de establecer el acuerdo con los demás.

Ese carácter impetuoso que se dedica a limpiar y vivificar al mismo tiempo lo que encuentra en su camino, corre el riesgo de mostrar orgullo y jactancia, lo que destruiría y rompería los vínculos en lugar de consolidarlos.

Mensaje del 11 para esta persona:

Que el amor verdadero dirija tu fuerza, sin pisotear los esfuerzos del otro. Que tu vínculo sea vertical con el Todo, así no te afectarán los límites horizontales.

22

Es la persona que actúa con un espíritu constructivo, que percibe la realidad de las cosas y se esmera en utilizarlas de manera inteligente, hábil y fructífera.

De carácter dulce, busca la paz para actuar sin dificultades y desembocar en resultados concretos y positivos.

Le atraen los trabajos humanitarios y dará lo mejor de sí misma para llevar a cabo esos proyectos.

Es una persona ordenada, minuciosa, exigente para con su entorno; observa la disciplina necesaria para conseguir resultados satisfactorios y enriquecedores a pesar de las dificultades. El carácter de ese gran arquitecto y humanista puede llegar a ser excesivamente austero, riguroso o severo consigo mismo y con los demás.

Eso agotaría su fuerza vital y lo haría débil y vulnerable física y psíquicamente; se convertiría entonces en un ser irascible, de visión limitada y acomplejada por estar siempre midiéndose y comparándose con los demás.

Mensaje del 22 para esta persona:

El esquema de vida en el que actúas, y cuya plena realización tratas de llevar a cabo, es sólo un instrumento. En ello estriba su grandeza. Debes amarlo como tal, sin hacer de él en ningún caso una ley rígida para seguir o imponer a los demás.

33

Mensaje de este número:

A ti, que aprendes a manifestarlo a través de tu personalidad, que tus pensamientos, tus gestos, tus deseos y tus actos reflejen la comprensión y la aceptación de lo que Es, sin máscara alguna. Tu fuerza consiste en estar al servicio de la humanidad y no de cambiarla según tus deseos, por nobles que sean.

Que tu inteligencia te guíe para unirte, para armonizarte y fusionarte con el otro, no para brillar por encima de él.

El amor divino, que pertenece a todos, puede expresarse a través de ti, precisamente en la vía del justo medio.

La Expresión: Una clave para la profesión

1.

Este ser se expresa con palabras directas, con el gesto adecuado, exacto. Va derecho al objetivo sin titubeos.

Todos los puestos de dirección que favorecen la independencia, la libertad de decisión y de acción le encajan perfectamente y contribuyen a que se realice plenamente.

Tomará las riendas y superará los numerosos obstáculos y dificultades que puedan surgir en su camino, su actitud guiará a los que necesiten un ejemplo a seguir para avanzar y salir de las dificultades. De espíritu vivo, intuitivo e inteligente, la invención y todo cuanto lleva consigo una renovación básica le proporcionan unos instrumentos que utiliza con facilidad y con éxito.

Palabra clave: «Adelante».

2

La colaboración con su entorno, con diversas asociaciones y con todo cuanto permita una relación de intercambio armonioso y equilibrado, donde reinen la confianza y el acuerdo, le facilitan su expresión plena.

La vida de pareja, con afecto y dulzura, le cuadra perfectamente y le aporta una seguridad que le permite dar lo mejor de sí mismo en el seno de la familia y en el exterior, deseando compartir su bienestar con todos los que le rodean.

Intuitivo, sensible y diplomático, el trabajo en centros de ayuda, de asistencia social y humana del tipo que sea, son medios que le facilitan expresarse y exteriorizarse discreta y generosamente.

Palabras clave: «Colaboración, Calor Humano y Sensibilidad».

3

La comunicación bajo todos los aspectos le va perfectamente. Hábil y convincente con la palabra y el gesto, la vida social no le asusta en absoluto; al contrario, cuantos más oídos le escuchan y más ojos le miran con atención y admiración, tanto más estimulado se siente. Su elocuencia y su encanto se muestran entonces irresistibles.

Periodista, actor, animador de grupo, bailarín, cualquier profesión que permita expresar originalidad, inteligencia y gusto artístico le va bien. En ella triunfará.

Se le abren muchas posibilidades. Ante la dificultad de escoger en tan amplio abanico, corre el riesgo de sobreestimarse y de querer hacerlo todo a la vez por curiosidad o por gusto del intercambio y de la comunicación.

Palabras clave: «Exteriorización, Alegría de Vivir».

4

Realista y objetivo, este ser se expresa a través de la acción: prefiere actuar dando pruebas tangibles de su saber hacer que hablar inútilmente.

Le encaja cualquier profesión relacionada con la organización, porque puede utilizar en ella su sentido práctico.

Le irá bien trabajar en campos como el secretariado, la contabilidad, el trabajo manual, la arquitectura, el dibujo técnico y todo lo que requiere la aplicación de un método concreto que conduzca a resultados positivos.

Se expresa en un lenguaje sencillo, salpicado de ejemplos y analogías, tratando de ayudar a los demás y permitiéndoles que aprovechen su propia experiencia.

Firme y determinado, la confianza de los demás le invita a abrirse a ellos, a mostrarse con sinceridad y a enriquecerse con su experiencia.

Palabras clave: «Realidad, Firmeza, Aplicación».

5

A través del diálogo y de su manera de proceder expresa fundamentalmente su afán de búsqueda y de novedad evolutiva.

Actúa con libertad, originalidad y una gran apertura de espíritu enriquecedora para él y para el entorno.

Le va bien cualquier profesión que exija numerosos contactos y adaptación a los cambios, como la aviación, el turismo, la interpretación lingüística, el comercio en general y el trabajo en cualquier ámbito internacional en el que haya intercambio entre diferentes culturas y ambientes diversos.

Libre de espíritu y libre en su actitud, no puede realizarse plenamente sometido a presiones, por lo que abandona fácilmente una tarea coercitiva para respirar en otra parte y realizarse.

Palabras clave: «Libertad de Acción, Experimentación».

6

Este ser se expresa a través de actos armoniosos en los que la belleza y la delicadeza aportan paz y sosiego al entorno.

Su lenguaje es el de una persona responsable, que considera los pros y los contras de todo; sus aptitudes le facilitan la buena gestión de sus empresas, asegurando su continuidad y haciendo que evolucionen favorablemente. Una de sus principales preocupaciones es la familia y su bienestar. Es ahí donde puede aportar lo mejor de sí mismo, manteniendo estable un hermoso núcleo en el que reine el amor.

Idealista y afectuoso, le va bien trabajar en cualquier campo que tenga que ver con las relaciones humanas, y es capaz de asegurar su funcionamiento asumiendo sus obligaciones hasta el final.

Asistente social, abogado, higienista, masajista, magnetizador, decorador o esteticista, todas esas profesiones le encajan perfectamente porque en ellas puede dar rienda suelta a sus gustos artísticos y a su sensibilidad profunda y vivificante para él y para su entorno.

Palabras clave: «Responsabilidad y Armonía».

7

Comprender los misterios constituye su principal preocupación, que se manifiesta a través de todo lo que emprende en el plano concreto. Utiliza un lenguaje analítico. Trata de captar el sentido oculto de las cosas, y lo revela con una inteligencia y una delicadeza notables.

Discreto, amante del silencio, todos los campos de la investigación o del perfeccionamiento le convienen y favorecen su plena realización. Es decir, la filosofía, la educación evolutiva, la religión, la investigación científica, etc. Intelectual y perfeccionista, aprecia la importancia de la ascesis bajo todas sus formas para elevar su consciencia de las cosas.

Complicado a veces, trata de penetrar sistemáticamente en el corazón de todas las cosas, para su propia satisfacción y para vivir la perfección bajo su punto de vista subjetivo.

A pesar de sus complicaciones aparentes, es afectuoso e irónico, pero no lo manifiesta más que a los que lo conocen y confían en él.

Palabras clave: «Análisis y Comprensión».

8

Le gusta el éxito en todo lo que emprende. Ambicioso y oportunista, aprovecha toda ocasión de ampliar y hacer prosperar sus proyectos.

Exige la justicia en las relaciones con los demás y pondera el valor del intercambio entre las partes, incluso si la medida no le favorece.

Le encaja cualquier profesión que requiera autoridad, lucidez realista y operativa: jefe de empresa, industrial, juez, cirujano o estratega, y cualquier otra independiente de las finanzas.

Es un perfeccionista de lo concreto, que tiende a mostrar la grandeza y el éxito de sus obras por encima de cualquier obstáculo.

A pesar de su aspecto intransigente y decidido, trata de que haya equilibrio tanto en sus relaciones como en su modo de actuar, dirigiendo muy bien su gran potencial energético y haciendo que su vida sea un éxito.

Palabras clave: «Determinación y Éxito».

9

Socorrer, aconsejar y ayudar al prójimo para realizarse plenamente son los medios de expresión de este ser.

Su lenguaje y sus gestos manifiestan su delicadeza y su belleza interiores, con ellos trata de animar a los demás, de aportarles paz y de curar con amor y entrega.

Le va bien trabajar en cualquier campo relacionado con las terapias físicas y psíquicas. Se entrega a fondo a los que lo necesitan y les ayuda con su magnetismo. Le cuadra perfectamente la enseñanza, tanto moral como humana, así como cualquier profesión que contribuya al profundo desarrollo planetario, como ecologista o físico.

Su visión global y su gran idealismo hacen de él un servidor de la humanidad que irradia optimismo, incluso si corre el riesgo de sufrir algunas decepciones que le hagan salir de la ilusión y le traigan a la realidad.

Palabras clave: «Servicio a la Humanidad».

11

El ser que se expresa por esta energía manifiesta una gran fuerza y determinación para colaborar con los demás. Le anima un espíritu generoso, sabe escuchar a los demás y comprender sus verdaderas necesidades, y los guía y ayuda a encontrar soluciones.

Universalista, dotado de una gran intuición, todo lo que concierne al desarrollo interior profundo de la humanidad y del universo le sirve como medio de expresión.

Sociólogo, filósofo, escritor, cualquiera de esas profesiones le convienen; a través de ellas canaliza una gran energía universal que estimula, purifica y anima la corriente de los acontecimientos.

En todo lo que decida hacer, debe escuchar realmente su intuición, sin permitir que se impongan sus impresiones u opiniones subjetivas. Sólo así su expresión será reveladora y fecundadora, y comunicará una gran delicadeza y dulzura.

Palabras clave: «Escucha profunda y Revelaciones».

22

Con intuición, gran habilidad y fuerza interior, este ser expresa a través de su lenguaje y de sus acciones lo importante que es para el planeta y para su desarrollo el que los seres humanos unan sus esfuerzos con un fin constructivo.

Realista y universalista al mismo tiempo, le cuadra cualquier campo de desarrollo técnico a gran escala. Puede aportar sus conocimientos profundos y sus métodos revolucionarios para aplicar mejor la técnica y obtener resultados positivos.

Incansable y decidido a llegar al final de sus esfuerzos, trabaja sin cesar para construir, edificar y mejorar las estructuras básicas de cualquier gran organización, siempre con la idea de ayudar a la humanidad en su evolución. Arquitecto industrial, político, diplomático o jefe de Estado son puestos de trabajo que corresponden a su perfil; aunque eso depende del medio cultural y social en el que se haya formado durante su infancia y juventud.

A pesar de su falta de tiempo para la vida privada y sentimental, expresa su delicadeza y su dulzura real en sus relaciones humanas y, sobre todo, en sus relaciones de amistad.

Palabras clave: «Construir y Fundar unas Estructuras para la Humanidad».

Para comprender la naturaleza de «la Expresión» de un ser, hay que observar con mirada lúcida el funcionamiento vibratorio de la energía de su «Impulso Espiritual» y de la «Vibración del Yo», según el número básico del que emana la energía.

Ejemplo: El Impulso Espiritual 5 que emana de un 14 no es de la misma naturaleza que el que emana de un 23 o de un 32.

Es importante tener eso en cuenta para comprender la naturaleza de «la Expresión» del ser y poder interpretar después con éxito el tema numerológico completo.

La Clave

La energía del número «Clave» ayudará a la persona a descifrar el enigma de los acontecimientos. Se presentan bajo diferentes facetas para que pueda utilizarlos y consiga descubrir los misterios del enigma que encierran. Después, puede aplicar esa energía –contenida en el número Clave– como una palabra mágica que le abra las puertas de la existencia.

1:
Independencia y decisión.

2:
Escucha interior y comprensión del sentido de la paradoja.

3:
Claridad de expresión y autenticidad.

4:
Objetividad y aplicación.

5:

Apertura de espíritu y desprendimiento.

6:

Aceptación de sí mismo, adaptación y responsabilidad.

7:

Confianza en sí mismo, tolerancia y discernimiento.

8:
Equilibrio y renacimiento continuo.

9:
Servicio a la humanidad y desapego del resultado.

11:
Escucha de la intuición e independencia para guiar a otros.

22:
Escucha de la intuición y comprensión de la necesidad concreta de construir nuevas bases universales.

Obsérvese la importancia de la energía del «número de fondo» del que emana la vibración final. Éste precisa en qué campo y bajo qué aspecto debe comprenderse y vivirse el número «Clave».

Ejemplo: El «número Clave **1**» que emana de un 10 indica la importancia del espíritu de independencia y de decisión respecto a cualquier acontecimiento que se presente al ser a partir del entorno en general.

El «número clave **1**» que emana de un 28 indica la importancia de la independencia y de la decisión en relación a los deseos interiores profundos que deben manifestarse concretamente con fuerza y determinación.

(Para comprender el funcionamiento de los números, véase la explicación de los días de nacimiento.)

¿Qué es la inclusión?

La Inclusión es un plano en el que se manifiestan los números del 1 al 9 con una visión global del potencial energético de cada individuo.

Revela el funcionamiento de ese potencial vivido de forma más o menos consciente por la persona en su vida cotidiana.

Los números del **1 al 3** representan la energía de la individualidad en su vida interior. (Yo Soy.)

Los números del **4 al 6** representan la energía que se pone en movimiento entre Uno mismo y el Otro. Esta relación actúa como un espejo que, al proyectar la imagen que el individuo quiere dar de sí mismo al entorno, refleja sus capacidades y sus límites. (Yo y el Otro.)

Los números del **7 al 9** representan la energía que actúa a través del individuo en su modo de concebir el sistema social y las leyes que dirigen la sociedad y, por encima de todo eso, el universo que, compuesto de multitud de organismos, tiene unas estructuras análogas a las de la sociedad. (Yo y el Universo.)

Cada uno de los números que componen ese plano de la Inclusión representa una energía específica que actúa en la vida del individuo.

El **1** manifiesta la energía creadora o el espíritu del Padre en uno mismo, dirige con dinamismo y vigor, y actúa mediante el espíritu de iniciativa y la capacidad de decisión.

El **2** revela la energía receptora o el espíritu de la Madre presente en uno mismo, que se expresa a través de la capacidad de escucha, de la sensibilidad y de la comprensión y colaboración con el otro.

El **3** expresa la energía de integración del individuo en la sociedad, el punto de fusión entre uno mismo y el otro a través de una mente clara que se expresa con palabras inteligentes y creatividad original. Refleja la alegría de vivir y el bienestar del individuo en su medio.

El **4** manifiesta la energía que aporta el individuo de manera concreta, con un espíritu organizado, operativo y realista. Refleja su propia estabilidad, su arraigo.

El **5** representa la energía mental, que actúa a través del movimiento entre lo alto o lo abstracto y lo bajo o lo concreto. Refleja la adaptación de uno mismo al cambio en general, con un espíritu abierto y la pasión que aporta la experiencia para agudizar la inteligencia activa.

El **6** revela la energía femenina que hay en uno mismo, que organiza todo lo material con la delicadeza y la fuerza del espíritu. Es la capacidad del individuo para dirigir el plano concreto, con sus dificultades. De ahí la necesidad del sentido de responsabilidad, para establecer la armonía donde reina el conflicto, bien en uno mismo, bien en el exterior de sí mismo.

El **7** desvela la energía de la mente iluminada. Es la capacidad de ver las realidades abstractas, metafísicas, y de expresarse a través de la búsqueda y del análisis de todas las cosas para dominar los elementos, lo cual es necesario para la evolución y el desarrollo personal. Revela la cualidad de discernimiento que hay en uno mismo, capaz de penetrar en el corazón de las cosas.

El **8** representa la energía motriz integrada en la materia o en la mente concreta y operativa del individuo. Refleja la fuerza del equilibrio que hay en uno mismo y permite actuar utilizando correctamente el instrumento del poder material, el dinero, así como todo lo que puede ser útil en la realización concreta y tangible.

El **9** manifiesta la energía de liberación y de universalidad en sí mismo gracias a una mente clara y a una visión global de las cosas. Es la capacidad del individuo para servir al prójimo libremente, con palabras o estimulándolo con actos que demuestran su propia fuerza, y todo esto sin esperar nada a cambio.

La acción de la energía de esos números se revela de una manera u otra por su manifestación en la Inclusión, y reviste siempre la faceta que presenta el número que la manifiesta.

La energía de los números que se manifiestan por el Cero queda velada por la ausencia de vehículo. Hay que comprenderla y adaptarla con un equilibrio resuelto.

¿Cómo interpretar el plano de la Inclusión?

La comprensión del plano de la Inclusión y su interpretación correcta requieren la observación de la faceta bajo la cual se manifiesta y actúa cada número.

Las posibles facetas que manifiestan la energía del 1:

1/1, la decisión es rápida y la opinión directa, sin matices ni titubeos. La intuición, la creatividad y el valor se manifiestan a través de las propias ideas y de los actos heroicos.

El exceso de la vibración de ese espíritu de decisión puede desembocar en una precipitación impulsiva carente de objetividad, y en la agresividad.

1/2, la decisión está relativamente matizada, sin obstinación o presión personal. La opinión es titubeante, le falta espíritu de iniciativa y de independencia de acción. La creatividad se desarrolla discretamente, con sensibilidad y delicadeza.

1/3, la decisión es clara y activa, con gran intuición, inteligencia y creatividad artística. La satisfacción de ser el «número 1» en todo empuja al individuo a hacerse notar por sus opiniones espontáneas y originales.

1/4, la decisión se manifiesta a través de objetivos muy concretos y planificados, con opiniones firmes, que desembocan en resultados previstos. La ausencia de un objetivo preciso o de resultado fijado de antemano bloquea la iniciativa, el espíritu de decisión y el entusiasmo necesarios para emprender proyectos.

1/5, la decisión y el espíritu de iniciativa se manifiesta con inteligencia y pasión en ideas revolucionarias que aportan novedad y son fuente de enriquecimiento en todos los campos. La independencia y la libertad de mente se expresan mediante amplias ideas, sin que las convenciones impongan límites. El exceso de esta vibración puede conducir a la inestabilidad o al rigor.

1/6, la destreza y el tacto activan la independencia, la decisión y la creatividad y contribuyen a mantener el equilibrio y el desarrollo armonioso en el seno de la familia y del entorno. La decisión fluctúa ante la elección de las responsabilidades que hay que asumir. Se inclina a menudo del lado de los sentimientos.

1/7, la decisión y el espíritu de iniciativa dependen de principios y de criterios morales. La independencia y la creatividad actúan, en el plano mental, a nivel de ideas abstractas y filosóficas. En cuanto a la acción concreta, hay que creer verdaderamente en ella para otorgarle confianza y ponerse en marcha.

El exceso de esta vibración amenaza con aislar al individuo en sus ideas abstractas, haciéndolo inaccesible a los espíritus prácticos y sencillos.

1/8, el dinamismo del 1 está muy reforzado por un sólido apoyo, cuya decisión, creatividad e independencia se manifiestan sobre todo en el plano concreto material. Se trata de que los objetivos, muy bien planificados con antelación, desemboquen en la gloria y en el éxito, no desperdiciando oportunidad alguna que sirva para ello.

El exceso de esta vibración lleva al autoritarismo destructivo y a la agresividad.

1/9, la iniciativa y la decisión actúan con una visión global de las cosas, sin limitarse a los deseos personales. La intuición, la creatividad y la capacidad para servir a su entorno liberan su independencia transformándola en un espíritu radiante.

Las facetas del 2 en el plano de la Inclusión:

2/1, la intuición del 2 y su sentido de la colaboración se manifiestan con firmeza y dinamismo. Su dulzura habitual queda velada por un impulso y una independencia que contrastan con la naturaleza discreta y tímida del 2.

2/2, la dulzura del 2, su delicadeza y su intuición se manifiestan discretamente en el deseo de colaborar sin herir. Los titubeos y dudas en relación a lo que se experimenta profundamente manifiestan la necesidad de verificarlo todo para sentirse seguro.

2/3, la intuición y el espíritu de colaboración aparecen a través de la comunicación y de la exteriorización en todas las cosas, con inteligencia, originalidad y gran delicadeza.

La expresión clara con que expone los hechos y anula la duda aleja los titubeos del 2.

2/4, la discreción y la reserva del 2 son acentuadas por una desconfianza fundada en criterios convencionales. Aparece el sentido de la colaboración en todo lo que es concreto y visible, verificando los pros y los contras, aunque eso le lleve a retirarse a tiempo por prudencia.

La falta de pruebas tangibles puede bloquear la intuición del 2.

2/5, la sensibilidad del 2, es decir, su intuición, es empujada al límite captando todo lo que pasa en el ambiente, con capacidad y deseo de transmitirlo de manera inteligente y diversificada. Las múltiples experiencias de lo sensacional en todos los planos aleja progresivamente la dualidad del 2, lo que le permite adquirir confianza y satisfacer su necesidad de sensibilidad profunda.

2/6, la dulzura y la sensibilidad del 2 se manifiestan con habilidad, con una gran delicadeza y tacto, y mediante la necesidad de colaborar para aliviar, cuidar y poner paz en el entorno.

Todo lo que experimenta profundamente estimula su intuición, a pesar de que su intenso lado emocional se implica en los acontecimientos. Eso da lugar a titubeos cuando hay que tomar decisiones.

2/7, la sensibilidad y la discreción del 2 se manifiestan con desconfianza y escepticismo, debido a que las emociones se viven a nivel mental, lo que hace que, antes de ir hacia el otro, necesite comprender para sentirse seguro. El espíritu de colaboración nace y se desarrolla con moderación a partir de principios que deben ser aceptados por una y otra parte.

2/8, el espíritu de colaboración se manifiesta en el campo concreto material por la necesidad de llevar sus deseos hasta el final. Los sentimientos son muy intensos debido a la necesidad que experimenta de revalorizarse para sentirse seguro de sí mismo. La intuición funciona según el grado de madurez espiritual del ser, plenamente o nada en absoluto... Se acentúa la dualidad en todos los planos.

2/9, el espíritu de colaboración, la sensibilidad y la intuición se manifiestan a escala universal, con conocimiento de causa y con delicadeza. Las emociones se mezclan a la abnegación y al altruismo, lo que estimula la generosidad y el espíritu de sacrificio por el otro.

Las facetas de la energía del 3 en la Inclusión:

3/1, la creatividad, la comunicación y la expresión artística se manifiestan con independencia, con ímpetu y confianza en sí mismo. El 3 despliega su lado mundano con soltura e inteligencia, lo que atrae a los admiradores de la facilidad de palabra.

3/2, la expresión y la comunicación se revelan con tacto, delicadeza y una gran intuición. La preocupación por no hacer daño al entorno controla la naturaleza extrovertida del 3 y vela por que se efectúe el intercambio en ambos sentidos.

3/3, la expresión y la espontaneidad se revelan en la gran facilidad con que se manifiesta este espíritu inteligente, artístico y creativo. La curiosidad y el espíritu de investigación exagerados amenazan con desembocar en la dispersión e impedir el éxito de sus proyectos.

3/4, la expresión se manifiesta en todo lo material y concreto por la necesidad de comunicar siguiendo un método. La necesidad de proporcionar pruebas tangibles que demuestren la competencia que pretende tener, canaliza su inteligencia.

3/5, la creatividad y la comunicación están en su apogeo; aprende y explora una multitud de campos con inteligencia y brío. La expresión alcanza su plenitud en los ambientes de las relaciones públicas y de los inventos. Su gran curiosidad amenaza con provocar exageración, inestabilidad y pasiones incontroladas.

3/6, la expresión se manifiesta con sensibilidad, tratando de establecer una atmósfera armoniosa y equilibrada a través de las palabras y de los actos. La necesidad de crear con las manos, sea por el dibujo, la escultura o la expresión corporal acentúa el gusto artístico.

3/7, la creatividad y la expresión se manifiestan al hilo de las ideas, que se exponen con gran inteligencia, dominio y conocimientos profundos. Los grandes principios e ideales controlan y expresan la espontaneidad y la alegría del 3.

3/8, la expresión y la comunicación se revelan claramente a través de los medios e instrumentos concretos en todos los ámbitos, y ponen de manifiesto lo importante que resulta su gran variedad para obtener un intercambio enriquecedor. La creatividad y el gusto artístico se manifiestan en el plano material con insistencia y perseverancia.

3/9, la expresión se revela con facilidad gracias a la palabra, al gesto y a la actitud que trata de comunicar y comprender al prójimo para ayudarle y aconsejarle. La creatividad artística se manifiesta con profusión y una gran intuición.

Las facetas de la energía del 4 en la Inclusión:

4/1, el deseo de conseguir que los demás actúen de manera palpable para construir y avanzar pone de manifiesto con independencia y firmeza el realismo y el sentido de concretización. La acción es dinámica, fuente de creatividad y de nuevas ideas que hay que desarrollar, aunque sin tener tal vez la paciencia necesaria para lograrlo.

4/2, la acción es tímida y vacilante a la hora de ponerse de acuerdo con los demás para construir algo juntos. El realismo y el sentido de lo concreto se muestran con una delicadeza, una dulzura y una intuición que saben captar el momento oportuno para actuar.

4/3, la acción concreta se manifiesta con originalidad, con gusto artístico e inteligencia. El realismo se revela a través del intercambio y de la comunicación, aportando siempre pruebas o hechos que demuestran la objetividad de las palabras.

4/4, el sentido del realismo conduce a la acción correcta, muy bien sopesada, basada en métodos verificados, a fin de obtener resultados concretos y constructivos. La exageración de ese espíritu minucioso, constantemente canalizado y controlado, conduce a un estancamiento en las ideas que limitan la acción en lugar de desarrollarla.

4/5, el sentido del realismo y la capacidad de concreción se basan en la apertura de espíritu y el gusto por el cambio, que llevan a enriquecer toda acción concreta desde diversas perspectivas, haciéndola beneficiosa en todos los planos. La exagerada búsqueda de novedad en toda acción emprendida, puede conducir a una gran inestabilidad que destruya en lugar de construir.

4/6, el sentido del realismo y de la acción se manifiestan bajo la forma de una responsabilidad y de un tacto que denotan una gran delicadeza. Ante la gran variedad de posibilidades de elección, y antes de comprometerse concretamente, aparece la duda.

4/7, la acción es controlada por la mente, que comprende la necesidad del pragmatismo pero actúa no obstante en el campo concreto según ciertos principios. La objetividad es relativa, con un espíritu escéptico que, en lugar de desarrollar la acción, la bloquea.

4/8, una acción dinámica, asumida con fuerza y con la convicción de obtener unos resultados tangibles que aporten mejoras y riquezas, fortifica el sentido del realismo. Cuando se pone un interés exagerado en los resultados, se corre el riesgo de actuar de forma autoritaria e injusta, lo que, a largo plazo, en vez de conducir a la realización de los proyectos, conduciría al fracaso.

4/9, la acción adquiere un compromiso universal que apunta al desarrollo humanitario con un espíritu realista y objetivo, que tiene en cuenta los límites concretos e intenta mejorarlos con generosidad y tolerancia. La visión global de las cosas amenaza con velar la importancia de los pequeños detalles.

Las facetas de la energía del 5 en la Inclusión:

5/1, la apertura y la adaptación que llevan al cambio son espontáneas, con un gran dinamismo, provocador a veces. Ese ímpetu propulsor no dura necesariamente hasta el final (señal de independencia y de gran curiosidad).

5/2, la curiosidad y la apertura de espíritu buscan el contacto en general, la relación y el intercambio. Existe una cierta tensión debida a la necesidad de libertad, incluso en las relaciones (señal de intuición, de gran sensibilidad y de titubeos).

5/3, la apertura de espíritu y el deseo de vivir experiencias nuevas se manifiesta claramente como medio de expresión, exagerando a veces, sin profundizar. La curiosidad obedece al deseo de aprender para mejor comunicar (señal de intuición, de inteligencia activa y de pasión).

5/4, la apertura de espíritu y el movimiento están dirigidos más bien hacia la actividad exterior, deseando mejoras tangibles para obtener resultados novedosos. Los convencionalismos pueden obstaculizar el gusto por la aventura y restringir la libertad (señal de rapidez de acción, una vez se han efectuado la apertura y el cambio interior).

5/5, el gusto por la aventura y la adaptación al momento presente se viven espontáneamente, manifestando un espíritu vivo y una auténtica capacidad de cambio ante situaciones difíciles. El sentido de la observación capta las imágenes externas para aprender y comprender. La curiosidad y la pasión de lo nuevo constituyen una energía motriz que debe procurar no dispersarse y asumir la realidad del momento (señal de intuición y de inteligencia).

5/6, el movimiento y la adaptación a las situaciones se viven en el seno del núcleo familiar, tratando de que exista armonía. La pasión intensa y el apetito de los placeres carnales amenazan con arrastrarlo hacia un engranaje en el que no debería caer para no perder la libertad del ser profundo (señal de emotividad y de gran sensibilidad).

5/7, la apertura de espíritu y la cualidad de adaptación se dirigen hacia las ideas y teorías nuevas. La curiosidad intelectual está centrada en los conocimientos. El cambio y el movimiento son más bien introvertidos; exteriormente hay cierta rigidez que debe suavizar y mostrar una verdadera tolerancia hacia los demás (señal de inteligencia viva y de intuición).

5/8, la apertura de espíritu y la capacidad de cambio son palpables en su actuación, dirigiendo sus objetivos hacia resultados competitivos y nuevos éxitos. Actúa con ambición y le gusta el riesgo, necesita independencia y gran libertad de acción. Tiene que equilibrar esa energía de fuego interior para que no haya desproporción entre el deseo personal y la realidad exterior (señal de intuición, de pasión).

5/9, la curiosidad y el gusto por los descubrimientos manifiestan claramente el objetivo de ampliar conocimientos y difundirlos a gran escala. Se busca la libertad de ser en las relaciones, en los viajes, en la evasión y al aire libre. Debe centrarse en acciones concretas para canalizar esa gran energía que expande y fusiona continuamente (señal de intuición y de magnetismo).

Las facetas de la energía del 6 en la Inclusión:

6/1, la elección y la capacidad de responsabilizarse están presentes en la vida cotidiana, asumiendo y viviendo los acontecimientos como un deber, como una manera de afirmarse, de dirigirse a sí mismo. La adaptabilidad no siempre es fácil. La delicadeza y la intuición ayudan a elegir sin vacilar (señal de paternalismo).

6/2, aparece el sentido de la responsabilidad frente al otro. En caso de tener que elegir, tiende hacia la dulzura; siente un verdadero deseo de armonía y de afecto. Titubea mucho ante las presiones y obligaciones, y busca siempre un terreno de entendimiento, incluso a su costa. Prevalece la emotividad (señal de intuición y de una gran delicadeza femenina).

6/3, el gusto por la estética y el arte en general se percibe en la vida cotidiana. La elección se orienta hacia la belleza de las situaciones, buscando constantemente la armonía. El sentido de la responsabilidad se vive como un medio de expresión y de comunicación, tratando de responsabilizar a los demás frente a las opciones que eligen (señal de sensibilidad y de diplomacia inteligente).

6/4, el sentido de la responsabilidad está presente en su actuación concreta; con mucha habilidad y un tacto verdaderamente magnético, tranquiliza y reconforta. El núcleo familiar, que representa un punto de apoyo y de seguridad, puede poner trabas a las elecciones individuales. La aceptación de la realidad ayuda a liberarse de las emociones y de la obstinación en el momento de la opción (señal de sensibilidad, de emotividad y de rigor).

6/5, la adaptabilidad está presente constantemente en un amplio círculo de difusión cotidiana. La elección se orienta hacia la expansión y el gusto por el descubrimiento. Las responsabilidades no siempre se asumen hasta el final por miedo a perder la libertad de acción. Los apetitos y los placeres suscitan pasiones que hay que dominar, pues no siempre conducen hacia el amor y la armonía deseadas (señal de gran sensibilidad y de impulsividad).

6/6, el sentido de la responsabilidad y del deber es innato, sobre todo en el seno de la familia, con una preocupación constante por hacer las cosas bien. La sensibilidad y el gusto artístico son muy vivos. No obstante, su gran necesidad de armonía hace que se implique emocionalmente en los acontecimientos y obstaculice su fluir al no tener en cuenta sus propios límites y los de los demás (señal de titubeos, de retroceso o de capacidad de abnegación y sacrificio).

El número **6** es difícil de asumir si no hay una auténtica madurez interior. Aceptar en cada momento la elección individual y ser capaz de asumirla como responsabilidad de vida es una iniciación para cada persona. Revela en él el Amor vivo que da sentido a la vida y a sus gestos cotidianos. Cada elección, cada acto se convierte en «portador» de un despertar y de la alegría de ser.

Las facetas de la energía del 7 en la Inclusión:

7/1, la inteligencia y la intuición son innatas; desea despertar en sí mismo el sentido de la observación y del discernimiento para guiar a los demás con sensatez. La paciencia no es una de sus cualidades, pero la razón corrige el tiro con precisión y una gran delicadeza.

7/2, la intuición dirige el pensamiento; pero las miradas de los demás y las situaciones vividas obligan a un continuo replanteamiento. En las situaciones concretas aparece la duda y cierta reserva, por lo que necesita ejercitar la serenidad y la confianza, y manifestar así el estado de paz que busca constantemente (señal de sensibilidad, de escepticismo y de gran diplomacia).

7/3, la expresión del individuo manifiesta claramente su gran inteligencia. Tiene una belleza y una gran delicadeza innatas. Su lucidez ante los acontecimientos es tal que la comunica y la transmite a los demás. Atención al orgullo y al espejismo de las ilusiones. La aplicación concreta es el mejor modo de poner las ideas en su sitio (señal de gran intuición comunicativa).

7/4, la intuición y la inteligencia están al servicio de grandes obras que lleven a un auténtico despertar y a progresos concretos. El discernimiento dirige los actos cotidianos conscientemente y con precisión. Puede aparecer cierta tensión entre el deseo de perfección y de paz y su aplicación concreta, pues se requiere paciencia e indulgencia para que cristalice su deseo.

7/5, la intuición y la inteligencia actúan por encima de las barreras de las formas, con una gran libertad en el plano de las ideas. Los esfuerzos se dirigen hacia la investigación científica con el deseo de que los descubrimientos y las experiencias contribuyan a mejorar la existencia. Para que el conocimiento esté al servicio del ser humano y aporte un verdadero avance global en esta faceta del 7, es necesaria la presencia de una ética o de ciertos valores humanos con un fin evolutivo (señal de gran independencia, de magnetismo y de gran carisma).

Lo mismo que para el **6**, para asumir el número **7** en la encarnación y manifestar conscientemente su influencia en la vida cotidiana, el ser Humano debe dar muestra de una verdadera sabiduría y de una madurez tan profunda que supere la noción teórica y mental.

La energía del **7** podría así ser vivida y expresada como «presencia consciente», actuando en el seno de la materia y en su manifestación.

Las facetas de la energía del 8 en la Inclusión:

8/1, la capacidad de acción y una verdadera fortaleza para afrontar las dificultades y los obstáculos cotidianos son cualidades innatas en el individuo. El deseo de triunfar es un motor que impulsa a tomar la delantera y le anima a avanzar a partir de nada. Esa energía fogosa y activa requiere cultivar la moderación en todos los planos para que no le superen sus propios impulsos y guarde en todo un equilibrio constructivo (señal de intuición y de independencia).

8/2, el valor y la capacidad de acción están al servicio de la relación y el intercambio con los demás. Puede existir cierta tensión o dualidad entre el deseo de contar consigo mismo para triunfar y la necesidad de la aportación del otro, de su apoyo. La apertura y el sentido de la responsabilidad en cada instante de la vida ayudan a superar los estados emocionales que obstaculizan las relaciones concretas (señal de generosidad o de arribismo, la intuición ayuda a vadear ese obstáculo).

8/3, una gran destreza y fuerza interior se manifiestan en toda acción. Apunta constantemente al éxito, y desea brillar para comunicar y difundir con gran entusiasmo su fuerza y su capacidad de acción. Debe cultivar el desprendimiento y el término medio en todas las cosas para no sobrestimar su fuerza y asumir la realidad presente (señal de inteligencia activa y de intuición).

8/4, la fuerza interior está centrada en el trabajo cotidiano y el éxito concreto. Una gran habilidad y resistencia frente a las dificultades permiten resolver los problemas aparentemente irresolubles. Los resultados ambicionados y la idea del poder personal amenazan con hacerle caer en el materialismo que aprisiona el ser. Hay que aprender a ir al fondo de las apariencias para no tropezar con ellas (señal de rigor y de autoritarismo).

8/5, la fuerza interior y el valor son visibles y activos a gran escala, encarnando la libertad de ser frente a la realidad de la vida. El equilibrio consigo mismo es frágil. Para que la fuerza y el poder del ser puedan iluminar libremente, se requiere una conciencia firme y madurez del alma (señal de inteligencia, de irradiación o de impulsividad y de desequilibrio).

El número **8** representa la fuerza atómica en el hombre. Es la energía de transformación celular y material en uno mismo y en el exterior de uno mismo. A la casi totalidad de la humanidad actual, que está en búsqueda de esa fuerza atómica en sí misma, le resulta difícil percibir e integrar esa energía. Aunque se tenga la intuición de poseerla, con toda razón, no se la puede reconocer ni asumir MIENTRAS NO EXISTA UN EQUILIBRIO FUNDAMENTAL ENTRE LA PARTE EGO-

CÉNTRICA DEL INDIVIDUO, QUE LO APRISIONA, Y SU PARTE DIVINA, QUE LO LIBERA Y LE PERMITE ENCARNAR LA TOTALIDAD DE SU SER.

El **8** recuerda esta realidad de la existencia: TODO LO QUE ESTÁ ARRIBA ES COMO LO QUE ESTÁ ABAJO, Y TODO LO QUE ESTÁ ABAJO ES COMO LO QUE ESTÁ ARRIBA.

Las facetas de la energía del 9 en la Inclusión:

9/1, las cualidades de irradiar y de servir a los demás se manifiestan con ardor e inteligencia a fin de difundir sus propias ideas al servicio de la colectividad. Puede aparecer cierta tensión entre la ilusión de creer que su propia luz es la única imprescindible y la necesidad de abrirse al prójimo desinteresadamente para que su Ser se manifieste libremente (señal de intuición y de magnetismo).

9/2, el ser muestra una gran sensibilidad y generosidad para ayudar y aliviar a los demás. La curiosidad por aprender late detrás de todos los intercambios, lo que le tranquiliza en relación al valor de sus propias experiencias (señal de emotividad y de magnetismo).

9/3, el espíritu de universalidad se afirma en el deseo de comunicarlo a los demás. Actúa con intuición e inteligencia, y con un idealismo que parece utópico a los ojos de algunos. Para que éste desemboque en resultados concretos, necesita canalizar las ideas y tener claridad en su aplicación (señal de elocuencia y de clarividencia).

9/4, el espíritu de servicio es innato y se aplica concretamente a la vida cotidiana. El deseo de ser reconocido y apreciado por su abnegación suscita cierta reserva. Le conviene no tener apego a los resultados para irradiar libremente esa cualidad de su ser (señal de generosidad y de gran sensibilidad).

9/5, el espíritu de universalidad y de servicio desinteresado se ponen de manifiesto en una amplia actividad. La afición por la investigación en general y los conocimientos múltiples le permiten irradiar a gran escala. Tiene que aprender a asumir la realidad del momento, puerto de salvación para ese individuo, que corre el riesgo de dispersarse si no estabiliza sus deseos y sus sueños de estar siempre en otra parte (señal de gran independencia y de inteligencia).

9/6, el espíritu de servicio y de entrega alcanza su plenitud sobre todo en el marco familiar. Se consagra a ayudar y aliviar a los demás, y se implica emocionalmente en ello por completo. Puede aparecer cierta tensión entre el deseo de armonía como necesidad vital de irradiación y la necesidad de liberarse de obligaciones constrictivas (señal de emotividad y de intuición.)

9/7, la cualidad de irradiar se manifiesta a través de grandes ideas portadoras de una conciencia de universalidad. Una viva inteligencia se pone al servicio de la ciencia en busca del desarrollo y del progreso. Debe abrirse a sí mismo y a los demás para evitar que un juicio prematuro aprisione al Ser y produzca en él separación en lugar de liberarlo en todas las cosas (señal de presencia serena o de orgullo separador).

El número **9**, que es la difusión de la luz interior, la del Ser profundo, debe ser vivido con toda la Humanidad, en su propio seno. El individuo, en general, trata de comprender ese estado de fusión continua para que su luz interior ilumine su propia vida y la de los seres que le rodean, sin perderse en un amor emocional que enturbiaría las realidades en vez de iluminarlas.

Ser, plena y libremente, vincula al individuo con toda la Humanidad, respetando la diversidad de su expresión.

El Puente Iniciático

La energía que corresponde al Puente Iniciático es la diferencia de vibración entre la energía del número que figura en el plano de la Inclusión y la del número que manifiesta su vibración.

Ejemplo: si ocurre que, en la Inclusión, la energía del 1 está manifestada por el 4, en ese caso el Puente Iniciático será: 4 – 1 = 3.

Como indica su nombre, la energía del Puente Iniciático invita a la persona a ser un puente de salud que la vincula a la esencia de lo que le resulta incomprensible o que todavía no le ha sido desvelado.

Los mensajes de los Puentes Iniciáticos

1: Toma tus decisiones y cuenta contigo mismo para dirigir las situaciones complicadas.

2: Estáte a tu propia escucha y mantén el espíritu de colaboración hacia ti mismo y hacia el otro.

3: Sé claro en tus pensamientos y en tus actitudes; quita tus máscaras y no te dejes llevar por las apariencias.

4: Actúa con paciencia y objetividad, sólo la acción puede liberarte.

5: Sé abierto en tus pensamientos y en tu actitud, la aceptación de tu diferencia y el desprendimiento de tu pasado te enriquecerán.

6: Asume tu responsabilidad en todas las cosas, acepta tus límites para poder aceptar los de los demás.

7: Practica la confianza en ti mismo y el discernimiento más allá de los prejuicios, sólo el silencio te enseñará el sentido oculto de las cosas.

8: Sitúate entre los extremos, sólo la justicia divina puede zanjar y equilibrar. Aprende el sentido real de los valores para otorgar a cada cosa el que le corresponde.

9: Aprende a amar como ama el sol, libérate del reconocimiento del otro y del resultado deseado.

El Puente Iniciático y su interpretación

Para tomar en consideración la energía del Puente Iniciático, hay que tener en cuenta que sólo una visión global permite descubrir un desafío o una repetición en el tema numerológico.

Cuando una energía de ese plano se manifiesta por un cero, hay que buscar su manifestación en otra parte y comprenderla. O bien debe trabajarse esa energía lúcidamente a través del **Puente Iniciático** para integrarla armoniosamente en la vida consciente de cada día.

El Camino de Vida

Como su nombre indica, es el camino de una energía que opera de manera indirecta, velada tras una serie de acontecimientos que, en principio, deben revelar al ser su potencial vivo.

El Camino concreto de cada individuo es *único* –depende siempre de la vibración del ser– y se revela a través de la individualidad y de la personalidad.

Para distinguir los matices entre dos Caminos de Vida que parecen iguales hay que observar el número de donde emana la energía.

Ejemplo: un Camino de Vida **6** que emana de un 15 no será el mismo que un Camino que emane de un 24.

Para captar con objetividad el sentido del Camino de Vida hay que relacionarlo con el Impulso Espiritual y con la Expresión y tener al mismo tiempo en cuenta los Desafíos, que representan la energía mal codificada por la personalidad. El individuo debería trabajar a través de su Camino de Vida para asimilarlo e integrarlo.

Camino 1:

Es el Camino que suscita el comienzo en todas las cosas. Es la energía creadora en acción, que apela a la renovación con dinamismo y fuerza profunda. Puede provocar un gran número de acontecimientos que prolonguen el impulso propulsor del principio.

Las circunstancias de la vida convencerán al ser que vive ese Camino para que tome decisiones de manera autónoma y sea capaz de guiar al prójimo mediante sus propias ideas y su valor emprendedor.

Todo cuanto le ocurre a su naturaleza independiente e inteligente contribuye a revelárselo y a empujarle en ese sentido.

No le faltará intuición para remontar los obstáculos. Si sabe orientar las cosas para que tomen mejor cariz, se disiparán los problemas.

Es el Camino del pionero o del explorador; del que aspira al progreso, del que planta las primeras semillas y asume riesgos para hacer que surja la vida donde no la había.

Hay que velar para mantener la cabeza fría y actuar con sensatez asumiendo las consecuencias de las propias decisiones, sin imponerse ni dominar.

En el caso de que en la Inclusión falte el **1**, o si se manifiesta tras una barrera introvertida y tímida, este Camino, que requiere independencia y espíritu de decisión, será un camino iniciático en el que el ser aprenderá a afirmarse y a contar con su propia fuerza interior.

Camino 2:

Está dirigido por una energía de naturaleza femenina; actúa como un receptáculo que acoge primero la energía y luego la difunde dulce y suavemente.

El ser que actúa en este Camino se ve confrontado a situaciones en las que se requiere una acción moderada y cierta reserva, y saber escuchar con flexibilidad y comprensión.

Debe utilizar su sentido de la diplomacia, sin olvidar la intuición, para actuar de manera conveniente según la realidad profunda y no según las apariencias.

El Camino **2** es el de la paradoja. El aspecto exterior, aparente, esconde siempre otra realidad y, a través de esos dos planos complementarios, la vida del Espíritu entra en el mundo de las formas.

Es el Camino de las asociaciones y de la colaboración constante, en su sentido más amplio.

Esta energía suave y armoniosa impregna la personalidad a través de los sentimientos y de lo que experimenta en todas las cosas. El individuo aprecia el afecto y la delicadeza; los busca en sus relaciones, siempre presto a ofrecerlos a su entorno.

A lo largo del Camino, va poniendo de manifiesto sus cualidades de acogida y generosidad, y no le faltan oportunidades para desarrollarlas.

En el caso de que el **2** esté ausente en la Inclusión, o si se presenta bajo una faceta dinámica extrovertida, este Camino se convierte en una auténtica iniciación a esa energía femenina mediante la cualidad de escucha y la confianza en el Amor-Verdad que opera a través de la paradoja.

Camino 3:

En este Camino se revela la energía de reconciliación, que pone de manifiesto el acuerdo entre los extremos.

Es el Camino de la comunicación a través de la palabra exacta. Una palabra que es la expresión de «lo que ES», porque lo revela claramente a la comprensión, y la hace fructífera y enriquecedora.

El ser está llamado a vivir esa expresión de la vida en todos los planos.

Se presentan muchas situaciones que, a través de diversas informaciones e intercambios con su entorno en todos los planos, le ofrecen la oportunidad de manifestar su naturaleza y de enriquecer el conocimiento que tiene de sí mismo.

Esta expresión de la vida requiere una sana comunicación. El ser manifiesta su delicadeza y su inteligencia innatas y sus múltiples conocimientos a través de un espíritu curioso y un natural afable, sin tener que desempeñar ningún papel especial.

El arte, el mundo de la juventud, de la espontaneidad y de

la belleza le invitan a alistarse en sus filas y a saborear plenamente la alegría viviendo la autenticidad de una vida límpida y luminosa.

La transparencia y la sencillez son indispensables para que el individuo que está en este Camino no se disperse por los meandros de la superficialidad y de las falsas mundanidades.

Si el **3** está ausente en la Inclusión, o si se manifiesta bajo una faceta introvertida, el ser vive este Camino bajo una máscara que oculta su naturaleza real, y que debe quitarse para revelarla con autenticidad, sencillez y claridad. Entonces podrá saborear el alimento enriquecedor y vivificante que le ofrece este Camino.

Camino 4:

Este Camino se revela gracias a la energía que se manifiesta en el plano material. La energía es un vehículo viviente que transmite la chispa del Espíritu que habita en él.

El ser está llamado a actuar de manera palpable, realista y objetiva. Los acontecimientos lo empujan a dar prueba de su sentido de la organización aplicando métodos prácticos, adecuados y operativos.

También debe darse cuenta de que cualquier estructura viviente canaliza, dirige y adapta la energía sutil tan bien que todo lo que es abstracto para la conciencia, toma forma y se convierte en algo comprensible y objetivamente útil.

Esta regla de conducta, que en este Camino llega a veces al rigor, le enseña al ser la manera de construir su individualidad, su cuerpo y su medio a diferentes niveles, pero sobre bases adecuadas y sólidas.

Este Camino no favorece ni el sentimentalismo ni la sensiblería, pues el trabajo que hay que desarrollar es importante y exige un gran sentido del realismo, sin emoción, para diluir los temores o las limitaciones fundadas en la ignorancia y en la falta de objetividad.

La acción correcta, sensata, libera de esos miedos que aprisionan.

En el caso de que el **4** esté ausente en la Inclusión, o si se manifiesta bajo una faceta titubeante o rígida, el individuo tendrá que aprender el sentido del realismo y liberarse de sus miedos a través de la disciplina y de una actuación saludable, constructiva para él y para su entorno.

Camino 5:
Este Camino está dirigido por la energía del movimiento, la que barre constantemente lo viejo para dejar que se manifieste lo nuevo y actúe con libertad.

A través de los acontecimientos y de las situaciones, el ser aprende a liberarse de las presiones y a obrar con toda libertad. La libertad le revela su realidad viva, a través del movimiento y el desprendimiento constante del pasado para crecer en el presente.

Debe moverse, interesarse por horizontes de muy distinta naturaleza para adaptarse a esa danza liberadora de la vida.

Las oportunidades no le faltan; los viajes y los cambios en todos los planos proporcionan al individuo de natural curioso la oportunidad de elegir libremente y experimentar en todos los campos, extrayendo de todo una verdadera esencia que integrará después en su ser profundo.

Es el Camino de la mente iluminada; la intuición y la inteligencia son sus bazas. Es una energía que se integra en la personalidad a través de los cinco sentidos, cinco aberturas que ponen al cuerpo en movimiento. En el curso de múltiples experiencias, que el individuo vive con pasión, aprende a conocer sus sentidos.

Si el **5** está ausente en la Inclusión, o si vibra bajo una faceta dinámica extrovertida, este Camino se convierte en un trayecto de combate, con pasiones y cambios de humor que requieren desprendimiento y verdadera apertura de espíritu para liberarse a sí mismo y acordar la libertad al otro.

Camino 6:
Este Camino está dirigido por la energía matriz que recibe, aviva y reanima la chispa viva, al mismo tiempo que acep-

ta las dificultades inherentes a la naturaleza de la materia y trata de que se adapte y vibre en armonía con su Espíritu.

En este Camino la materia recibe la energía del Amor verdadero.

El ser debe vivir en sí mismo ese sentido de la aceptación con un verdadero espíritu de responsabilidad respecto a su propia naturaleza humana y la de los demás. Los acontecimientos le empujan a aceptar responsabilidades, a realizar elecciones y a asumirlas hasta el final, tratando de establecer el equilibrio y la armonía en medio del caos.

Es la energía del «tacto del Amor» en la materia, y se manifiesta también a través del arte concreto y de la preocupación por embellecer con armonía el medio en el que vive, con delicadeza y habilidad, sin heridas ni rupturas, siempre con suavidad y adaptación.

Tiene que poner en práctica el equilibrio y la armonía en su vida cotidiana, en su entorno y, sobre todo, en su familia, en su núcleo familiar que es una miniatura del universo en el que ocupa un lugar y en el que debe desempeñar su papel de auténtica matriz viviente que vibra y dirige su vida mediante la energía del amor liberador.

Si el **6** está ausente en la Inclusión, o si se manifiesta bajo una faceta dinámica extrovertida, el ser que está en este Camino tendrá que comprender los límites de la materia y aceptarlos con flexibilidad y adaptación tanto en sí mismo como en los demás. No debe obstinarse en querer cambiarlo todo bruscamente; lo que debe hacer es tratar de liberarse de su implicación emocional y asumir sus responsabilidades.

Camino 7:

La energía que dirige este Camino es la de la elevación de conciencia, la que permite, a través de la comprensión de las cosas, liberarse del dominio de la emoción y de la dualidad. Una energía otorgada con sabiduría y discernimiento.

Gracias al espíritu de investigación y de análisis, el ser penetrará profundamente en el seno de los acontecimientos para comprenderlos, integrarlos y dominarlos.

El dominio no se efectúa en el mundo de las apariencias, donde reina y hace estragos la dualidad.

El ser que está en este Camino deberá agudizar su inteligencia para ejercer constantemente su discernimiento ante cualquier situación que tenga lugar en sí mismo o a su alrededor.

Es el Camino del investigador, del científico, que utiliza la lógica y el sentido común para descubrir los enigmas y los misterios de la vida.

Para poder establecer una verdadera comunión con la esencia viva de todas las cosas, es imprescindible el silencio.

La vida monacal, la filosofía y los principios morales le atraen y le presentan un campo de experiencia apto para satisfacer su naturaleza enamorada de la perfección.

Esta energía, que aspira al dominio de la dualidad y de las emociones, se manifiesta en el individuo a través de su naturaleza observadora, discreta, que actúa con conocimiento de causa y delicadeza en todas las cosas.

Si el **7** está ausente en la Inclusión, o si aparece a través de una faceta exagerada, este camino será un verdadero iniciador que le enseñará a discernir sin juzgar ni condenar, a tener fe en el sentido de la Vida que, con su oscilación y flexibilidad, barre absolutamente el escepticismo y el dogma.

Camino 8:

Este Camino está dirigido por la energía de un poder creador en el mundo material, un poder alquímico que transforma el vidrio en cristal en todos los planos, incluso en el más denso.

La independencia con la que actúa y la confianza en su propia capacidad de obrar conseguirán que cualquier forma brille con todo el resplandor de su fuerza viva.

Fuerza que procede del poder del Espíritu que la anima.

Se le presentan numerosas oportunidades que la conducen a tomar iniciativas llegando hasta el final de lo que emprende, y obteniendo resultados enriquecedores y consiguiendo un verdadero éxito.

Los obstáculos concretos y la falta de medios acentúan la dificultad del recorrido y enseñan al ser a remontarlos con valor e ir hacia adelante por sus propios medios. Deberá adquirir fluidez y moderación para que la fuerza y el poder de amor de su Espíritu divino puedan actuar en él y le ayuden a integrar en sí mismo esa realidad de la vida que es el sentido del infinito y de lo inconmensurable.

Este Camino enseña al ser a comprender lo que significa un medio correcto y vivo, el que actúa por encima de cualquier límite, operando prodigios. Ese medio, o ese instrumento de alquimista, se revela también a través de la entidad «dinero» y de su poder relativo, que el individuo aprende a comprender y a utilizar haciendo de él su instrumento, no su dueño, porque el hombre lo ha creado para ser servido por él, no para servirlo.

Si en la Inclusión falta el **8**, o si se revela por una faceta extrema, este Camino requiere un verdadero sentido del equilibrio en todos los planos para que el ser siga siendo el verdadero agente de su vida y no se deje ganar por la ilusión del poder temporal.

Camino 9:

Este Camino está dirigido por la energía universal viva y liberadora que actúa por ósmosis.

El ser encuentra en él unos acontecimientos que apelan a su sentido de la abnegación y de la universalidad, sin limitarse a sus propios intereses.

Percibe su propia fuerza de curación, que se libera mediante la apertura de corazón y la comprensión, y que revela al ser su verdadera naturaleza viva.

Se revela al mismo tiempo al ser que actúa desinteresadamente y al que recibe su don.

Se presentan algunas oportunidades que inducen al individuo a purificar su naturaleza de todas las falsedades que lo aprisionan y que le impiden difundir la fuerza de su amor liberador.

Se le abren muchas puertas en el campo social y humano,

donde se necesitan asistencia y verdaderos cuidados vivos y regeneradores.

Esta energía de Amor liberador se integra en su personalidad a través de su abnegación en el servicio y gracias a su naturaleza intuitiva e inteligente, deseosa de aprender y de enriquecerse para difundir lo que ha aprendido y ayudar al prójimo con sus nuevos conocimientos.

Es el Camino que inicia al individuo a olvidarse de sí mismo para vibrar a un nivel planetario, permaneciendo centrado en el Sí-mismo divino para no agotarse inútilmente.

En el caso de que el **9** esté ausente en la Inclusión, o si se revela a través de una faceta individualista, este Camino supone para el ser un parto continuo, como un continuo darse a luz a sí mismo. En efecto, debe liberarse de sus implicaciones emocionales y aprender a respirar y a vivir libremente. Si no espera el reconocimiento de los demás, actuará con tolerancia real y con un Amor verdadero.

Camino 11:

Este Camino corresponde a un número importante. El individuo es consciente de que, si capta el sentido de la independencia y de la responsabilidad ante sí mismo, comprenderá verdaderamente el sentido de la auténtica libertad.

La energía que lo dirige es la de un gran receptáculo que se santifica gracias a su cualidad de apertura; su verticalidad permanente constituye una fuerza activa y purificadora.

El ser situado en este Camino está en relación constante con la fuerza creadora del universo.

Y esa relación le induce a convertirse él mismo en un creador consciente que aporta su potencial, su elevada inteligencia y su pericia a todo lo que emprende.

Saldrán a su paso algunas misiones de alcance internacional y grandes proyectos universales, esperando que les aporte su sabiduría y su fuerza y les asegure el éxito y la continuidad.

Sobre todo, debe ser siempre y en todo plenamente consciente, y colaborar en todos los aspectos con transparencia y amor.

En este Camino no se permite el fracaso, porque si el receptáculo vivo y creador se transformara en un abismo de orgullo y de egocentrismo, no tardarían en apoderarse de su vida y de la de su entorno la mentira y la destrucción.

Para desarrollar plenamente y con toda su intensidad la energía del camino **11**, es preferible esforzarse por vivir adecuadamente la energía del camino 2. La del 11 se revela espontáneamente al que está preparado para asumirla.

Camino 22:

Al ejemplo del 11, el Camino de este otro número importante que es el 22, está dirigido por la energía universal de construcción en todos los planos de la forma, abstracta o concreta.

Es una energía que ordena y dirige, con un método perfecto, cierta estructura del universo.

El ser que está llamado a vivir este Camino va realizándolo a medida que construye su ser verdadero, al ir encarnándose progresivamente a través de su propia estructura mental, emocional y física.

A través de los organismos internacionales, y actuando con una lógica de apertura universal, el ser da testimonio de la realidad de ese método y de la aplicación viva del Espíritu en la materia.

Su gran capacidad de escuchar despierta su conciencia y le empuja a trabajar sin descanso para construir unas estructuras vivas, que procuren a todos los seres una verdadera estabilidad basada en la actuación correcta y en su aplicación abierta y viva desde el principio hasta el final.

Es el Camino de los grandes constructores universales.

El fracaso en este Camino tiene repercusión directa a escala humana, porque se recogerá indefectiblemente lo que se ha sembrado, y servirá para que el individuo aprenda a escuchar realmente el alma y el Espíritu. Es esa capacidad de escuchar la que permitirá una aplicación viva y evitará que quede encerrado en sus propios límites.

Es preferible tratar de vivir correctamente la energía del

Camino 4, para que la consciencia vaya despertando progresivamente a través de pequeñas tareas y pueda vibrar después a la vida de las grandes tareas universales.

En cuanto al **Camino 33**, también es preferible que el ser al que concierne acepte vivir con transparencia y sencillez «la responsabilidad de sus elecciones», asumiéndolas plenamente. El 33 se irá revelando a medida que crezca la madurez del individuo y, a través de él, la elección definitiva del Amor que actúa y envuelve toda vida.

El Número Axial

La energía de este número viene representada por un eje alrededor del cual se efectúa un movimiento. Es el movimiento generado por las energías de la individualidad que dirige los diversos acontecimientos y situaciones de su propia vida.

De modo que el **Número Axial** representa la energía que vibra en el centro de ese movimiento y que acaba haciendo que todos los acontecimientos externos vibren por sí mismos.

Los números del 1 al 9, bajo su aspecto de Números Axiales, representan los diferentes matices de la energía que vibra como germen creador y que fructificará en el ser a través de su comprensión, llevándole a su plena realización.

1

El *ser divino* se afirma en el individuo.

No se trata de una afirmación personal separada que le aísla de los demás seres vivos. El 1 actúa en él como eje central y le recuerda, a través de los acontecimientos que gravitan a su alrededor, que debe afirmarse como ser *divino y humano* al mismo tiempo, afirmarse por encima del caos, por encima de las dificultades y de los límites de la personalidad.

Para conseguirlo, debe utilizar la fuerza creadora de su espíritu divino en todo cuanto desea renovar, tanto si se trata de sí mismo como si se trata de su entorno.

El deber de manifestar su vida emisora y regeneradora en todo lo que emprende en la vida humana procede del germen creador que reside en su corazón.

2

Ésta es una energía femenina de naturaleza receptora que, cuando actúa como eje central en la vida del individuo, le recuerda que su verdadera fuerza reside en su capacidad de escuchar prescindiendo de las emociones y en su disposición a colaborar con lo que *es* sin implicarse en ello. Cuando se centra en este eje, el ser se muestra discreto e introvertido en su actuación y todas las energías de su ser divino se proyectan, se manifiestan en todo cuanto emprende a través de su transparencia tranquila y serena.

Desempeña su papel activo siendo consciente permanentemente de su naturaleza divina, colaborando con ella y viviendo en verdadera comunión con la naturaleza divina que existe en todas las cosas.

El Número Axial 2 recuerda al ser que todo lo que vive posee 2 facetas, 2 planos, 2 fuerzas. Cuando escuche y observe con serenidad, comprenderá el misterio de la paradoja que actúa en todas las cosas.

3

Cuando el eje que centra el movimiento de la vida del ser es el 3, este número le recuerda que, a través de su expresión en todo lo que vive, debe manifestar lo que *es* en verdad, de manera auténtica.

Las situaciones y los acontecimientos de su existencia le reflejan constantemente su imagen recordándole que, si aspira a la transparencia y al resplandor en su vida cotidiana, primero debe convertirse él mismo en transparente y radiante.

La llamada de este número le invita a expresar lo que él es, por encima de las apariencias.

Si desea belleza y juventud en lo que emprende, debe vivir en su fuero interno la belleza que irradiará su verdadera juventud.

Lo llevará a cabo a través de sus palabras, que deben ser verdaderas, transparentes y sencillas.

Todo es comunicación en su universo. Si consigue comunicar correctamente el lenguaje del ser divino que hay en él, todo lo que le rodea se conformará a esa imagen clara y límpida, y vibrará y revelará de manera viva lo que *es*.

4

Cuando esta energía, de naturaleza densa, concreta, actúa como eje central en la vida del ser, le invita a manifestarse concretamente en todas las cosas tal como él es.

Le invita a actuar y a aplicar en la materia su energía viva, esa energía que se revelará a su espíritu de manera realista y objetiva a través de la acción.

Esta aplicación del espíritu en la materia ofrece al ser la ocasión de construirse a sí mismo y de construir todo su universo transformándose en un templo vivo que revela su propia naturaleza divina.

Aceptando la realidad de la materia y el lenguaje con el que ésta se expresa, aprenderá a liberarse de su apariencia y captará su esencia viva en perpetuo movimiento.

El número 4 enseña al ser cuál es el sentido real de la materialización de todas las cosas. Es un vehículo que pone de manifiesto una energía profunda capaz de captar el sentido de lo material, y de utilizarlo posteriormente como instrumento.

Mediante el trabajo y la perseverancia, el eje 4 hace al individuo plenamente consciente de su naturaleza humana, de su cuerpo y de su universo de materia.

5

Lo natural en este número es el movimiento.

Si la vida del ser está centrada en este eje de movimiento, se siente llamado, a través de todos los acontecimientos y de todas las situaciones que vive, a aceptar el verdadero sentido de ese movimiento interior y su necesidad. Aprende igualmente a renunciar al pasado y a vivir el presente en cada instante. Este Número Axial le enseña a saber poner punto final a lo que ya ha llevado a cabo, abriéndose libremente a lo nuevo que está a la espera.

Así ligero, libre del peso del pasado, el ser aprende el sentido de la vida, rica por la multiplicidad de sus variados aspectos, sin que ninguna de sus acciones sea pasional.

Este número axial, que está en el seno del movimiento en sentido propio y figurado del término, revela al ser la realidad de esa inteligencia viva que se adapta al corazón de todas las cosas para permitir la expansión libre e individual.

Se consigue esa libertad de ser cuando el individuo comprende el sentido del desprendimiento respecto a todo lo que impide a su naturaleza viva iluminar y asumir la tarea del momento presente con apertura de espíritu y adaptación.

6

Esta energía es de naturaleza femenina, receptora. Cuando actúa como eje central, invita a comprender el secreto de la existencia, que reside en una sola palabra: Responsabilidad.

La responsabilidad de sí mismo significa que el sentido real de todo acontecimiento no es más que el fruto de la capacidad de asumir las propias responsabilidades de Ser Vivo, divino y humano a la vez, tanto si los actos del individuo se realizan plenamente como si no se llevan a cabo por miedo o indiferencia.

Esta responsabilidad atañe a sus pensamientos, a sus gestos y a su actitud.

Lo mismo los éxitos que los fracasos son un reflejo de sí mismo. En su obstinación o, por el contrario, en su aceptación del secreto de la vida, reside el Dar a Luz a sí mismo y a su vida en el universo.

Este número invita al ser a que establezca en primer lugar la armonía en su vida mediante la aceptación de su propia naturaleza humana, después en la vida de los demás, con un espíritu responsable y comprometido con todo, que asume su papel de manera viva, y es capaz de adaptarse, de abrirse y de dirigir con Amor verdadero, respetando sus propios límites y los de los demás.

7

Esta energía invita al ser humano a eliminar, a través de cualquier acontecimiento, todas las cuestiones de tipo mental carentes de lo sustancial de la vida, y a centrar su inteligencia en una observación real y objetiva que penetre con discernimiento en el corazón de las cosas para revelar lo que *es* en verdad.

Este número recuerda al ser que debe mantenerse en el corazón del silencio que lo habita, para aprehender en su presencia el sentido oculto de todas las cosas, lejos del bullicio exterior y de la tormenta de la mente y de las emociones.

Es un proceso que comienza por la búsqueda, el análisis y la comprensión sincera y hace que la astuta mente termine por doblegarse ante su íntimo deseo de unirse al Ser Divino que hay en él.

Cualquier acontecimiento exterior que gravite alrededor del ser adquiere su sentido real cuando el individuo domina el porqué y el cómo de ese acontecimiento desde su santuario silencioso. Y así, animado por una verdadera fe en su naturaleza divina, dirige el movimiento exterior mientras permanece centrado en ese silencio sereno y vivo.

Debe dominar en sí mismo el discernimiento del corazón y enseñarlo a los demás. Cuando comprenda el sentido de lo que ha captado mentalmente, podrá encarnarlo de una manera viva que una y sublime, y no juzgue ni separe.

8

La energía de este número invita al ser a manifestar el equilibrio en su experiencia diaria.

Es una energía de naturaleza doble, masculina y femenina a la vez. Le recuerda al ser que todo cuanto se manifiesta en su vida y en el universo posee esa doble naturaleza, a veces introvertida, a veces extrovertida, a veces receptora, y a veces emisora.

Este eje remite constantemente al ser a esa realidad del espíritu y de la materia, de lo oculto y de lo manifestado, para que venza la rigidez de la materia con la fluidez del espíritu.

Y así, este número le invita a elevarse por encima de los límites de la materia comprendiéndola y controlándola y, sobre todo, ejercitando su sentido de la justicia y poniendo en práctica el equilibrio entre los extremos.

A través de los acontecimientos relacionados con la fuerza y el poder en el seno del mundo material, debe dirigir su propia naturaleza de manera equilibrada para que se manifieste en ella su verdadera fuerza divina. Debe renunciar al poder limitado, temporal, para expandirse en el poder infinito.

A través de triunfos y de fracasos, en el curso de las ambiciosas hazañas de cada día, el ser aprende a dominar las dos fuerzas que hay en él.

9

Como energía axial, este número recuerda constantemente al ser que debe difundir su chispa divina viviendo los acontecimientos en armonía profunda con su naturaleza y sin preocuparse por el impacto que su acción tenga en el exterior.

La verdadera fuerza del ser radica en liberarle de la idea del resultado. Esa liberación purifica su personalidad y la de su entorno de la falsedad y de la ilusión.

A través de todos los acontecimientos que gravitan a su alrededor, el número 9 le recuerda la necesidad de irradiar sin egocentrismo.

El individuo es entonces consciente de ser él ese sol vivo que no puede vibrar de manera constructiva más que si irradia libremente con un espíritu universal, sin preocuparse del reconocimiento del otro. Y así, a través de ese eje solar, la personalidad aprende a comulgar con el sol que está presente en cada ser, generando radiación y fuerza creadora.

11

Este número fundamental debe ser considerado con un gran discernimiento desde el punto de vista de la comprensión humana, porque invita al individuo a estar a la escucha del alma en todas sus vivencias y a estar atento a la llamada del Espíritu que debe dirigir todas sus acciones.

Este Número Axial es el que nos Despierta a la Vida Universal y nos impone el estar verdaderamente a la escucha del ser divino y su energía de Amor en todas las cosas.

El individuo cuya vida gravita alrededor de ese número, está llamado a convertirse en ese canal vivo, sin tomar en consideración los caprichos emocionales de la personalidad.

El ser que tiene centrado su pensamiento y su actitud en esta energía vibrante de Amor divino, está necesariamente llamado a servir a la humanidad y al universo a través de ese flujo constante de conocimiento y de fuerza creadores que se vuelcan en todo lo que se mueve y está vivo. En ningún caso debe utilizar sus conocimientos para sí mismo, ni difundirlos si es sólo para su gloria personal.

Esta energía vibra e ilumina por el don constante de sí mismo. El hombre transmite así a su propio universo la continua riqueza que el universo le aporta a él.

22

Ésta es una energía de naturaleza constructiva a escala universal. Cuando actúa como eje, invita al ser a que tome conciencia de que en el seno de cualquier forma externa palpita una vida profunda. Cuando la estructura responde a la vida que la anima, se convierte en estructura viva.

La llamada de este número invita al ser a construir en todas las cosas basándose en la energía del corazón, aplicándola concretamente en la materia sin identificarse con la forma.

La energía del número 22 se le revela cuando está a la escucha de su alma y de su Espíritu.

Este constructor universal alcanza su plena realización cuando manifiesta en sus actos y en su espíritu el Amor que vive en todas las cosas.

33
Véase el «Número Axial 6», con la comprensión «de la elección» del Amor que debe dirigir e iluminar la Vida de manera Universal.

El Número de la Iniciación:
Este número de síntesis, llamado «Iniciación Espiritual», es la energía concebida por el Ser divino que hay en uno mismo, que se ha revestido de una encarnación humana para llevarla a su plenitud a través de la individualidad y de un cuerpo de materia.

Esa energía se obtiene por la adición de los 3 números principales del tema y el de la energía recibida en el nacimiento, o sea, el Impulso Espiritual + la Expresión + el Camino de Vida + el día de nacimiento, y representa el impulso de salida para la encarnación en cuestión.

El mensaje del Número de Iniciación será el mismo que el del Número Axial; se revelará como objetivo de la encarnación.

Y así, todos estos números, que son divinos en su Esencia y en su vibración, invitan a cada ser a comprenderse a sí mismo para encontrar su verdadera fuerza viva y aceptar su lugar en el universo realizando una función concreta.

Esa función, que se manifiesta de manera diferente a través de un número u otro, habla profundamente de una Única Verdad: *la de la sintonía consigo mismo*. A través de esa sintonía, la individualidad de cada ser comprende su propia naturaleza y, por encima de eso, comprende su naturaleza cósmica, que no es más que una ínfima gota del Océano Divino.

Los Desafíos

La palabra Desafío expresa la lucha que libra el individuo, a causa de sus emociones y de su mente posesiva, contra el deseo profundo del Ser Divino que, a través de una serie de acontecimientos, intenta que la personalidad entre en sintonía con la verdadera naturaleza de su Ser completo, divino y humano a la vez.

La energía del Número-Desafío es en realidad una fuerza *que vela* al individuo la realidad del poder del Amor que lo anima, debido a su propio caparazón de miedos, de egoísmos y de dudas.

Va aprendiendo a liberarse del caparazón que ahoga el Fuego Divino a medida que abandona todo lo que causa su sufrimiento.

Así crece en él una nueva fuerza. El objeto de su sufrimiento habrá servido, como un espejo, para reflejarle su imagen aferrada al pasado, obstinada en creer inútilmente que los criterios estereotipados le aportarán seguridad, cuando en realidad aprisionan su ser en vez de liberarlo.

El Número-Desafío es, pues, un poderoso sol escondido tras la oscuridad de las nubes de la apariencia y de las ilusiones de la personalidad.

Querido peregrino: Si descubres en tu camino el sentido de tu Número-Desafío y comprendes lo que te dice, debes saber que, por el hecho de aceptarlo, ya se ha rasgado el primer velo y ya has emprendido el camino hacia tu fuerza interior.

Para encontrar los Números Desafío, o las fuerzas veladas de la vida del individuo, hay que ver cuál es la diferencia rítmica entre el número del día de nacimiento y el del mes de nacimiento.

Esa diferencia constituye el primer Desafío de la vida, que dura en general hasta la edad de 35 ó 36 años.

Ejemplo:	mes	día	año
	6	3	7

1er Desafío: 6 – 3 = 3

El segundo Desafío, o la segunda puerta que debe abrir el individuo para unirse a sí mismo sin máscara ni velo, se encuentra en la diferencia rítmica entre el número del día de nacimiento y el del año de nacimiento.

Ejemplo: 7 – 3 = 4

Estas dos puertas, cerradas, representan aparentemente los obstáculos que hay en la vida del individuo y encuentran su sentido a través de una tercera puerta, cerrada también al principio. Ésta engloba las dos primeras dificultades en un enigma que invita al individuo a utilizar lúcidamente su sentido de observación y a trabajar con paciencia y verdadero amor para superar sus debilidades y sus límites, y transformarlos poco a poco en una auténtica fuerza que emana de su alma y de su espíritu.

El tercer Desafío es la diferencia rítmica entre el primer Desafío y el segundo.

Ejemplo: 4 – 3 = 1

Mensaje de este Desafío **1** que engloba un Desafío 3 y un 4: Falta de decisión real y de afirmación del Ser Divino en la vida del individuo; la dispersión y la pereza o la falta de objetividad hacen estragos. Esto requiere por parte del individuo ***una decisión firme y profunda*** que le ayude a ***centrarse y a actuar de manera auténtica, permaneciendo objetivo, realista y perseverante respecto al trabajo concreto o a la aplicación efectiva de su ideal en el mundo material.***

Explicación teórica de los desafíos:

DESAFÍO **1**:

Cuando esta energía creadora representa un Desafío,

o bien el individuo pierde su fuerza de decisión y sufre el peso de los acontecimientos como una carga pesada de llevar, sin tomar la menor iniciativa para solucionarlo,

o bien el individuo se apropia de esta energía creadora utilizándola para imponer sus ideas y dirigir sin moderación, a fin de probarse a sí mismo sus capacidades y afirmarse de manera egocéntrica.

DESAFÍO **2**:

Cuando esta energía receptora, abierta, acogedora y reconfortante representa un Desafío,

o bien el individuo pierde el sentido de la apertura y de la escucha real que permite comunicar con el otro, sin perder por eso su propia individualidad. Le falta el reconocimiento de sí mismo y del otro. Su comprensión se limita a una visión estereotipada de las cosas, lo que le impide colaborar tanto con su propia naturaleza como con las de los demás. Se cierra y se hace susceptible,

o bien el individuo busca el afecto y la adhesión del otro a cualquier precio. Se deja influenciar fácilmente y persigue su objetivo sin discernimiento hasta que descubre la realidad de las cosas. Su decepción le conduce entonces a encerrarse en sí mismo para protegerse.

DESAFÍO **3**:

Cuando esta energía de comunicación y de expresión clara y creadora representa un Desafío,

o bien el individuo se cierra en sí mismo huyendo de la comunicación y de la expresión clara y sencilla por temor a no ser comprendido o a dilapidar inútilmente sus conocimientos. Se protege del «qué dirán» y prefiere conservar su credibilidad ilusoria, permaneciendo al margen de la sociedad,

o bien el individuo lleva una vida completamente extrovertida, preocupado por saberlo todo y aparecer como el más inteligente, el que puede comprenderlo y hacerlo todo a la vez. Bajo una máscara sonriente y una naturaleza emprendedora y fascinante, se esconde la dispersión.

DESAFÍO **4**:

Esta energía de estabilidad, de raíces y de estructuras vivas envuelve una llama interior que le permite manifestarse concretamente.

Cuando representa un Desafío,

o bien el individuo huye del trabajo y de su responsabilidad concreta, que consiste en estructurar y ordenar las cosas. La disciplina es una coacción que le hace huir. Se queda anclado en una actitud despreocupada que destruye en vez de construir,

o bien el individuo se refugia en preparar cuidadosamente una acción que conduzca hacia resultados concretos y en la que se preocupará del menor detalle capaz de alterar su plan.

Esta actitud le aprisiona en la forma y retrasa la obtención del resultado deseado.

DESAFÍO **5**:

Ésta es la energía del movimiento que regenera la fluidez de la vida en el centro de todas las cosas. Cuando representa un Desafío,

o bien el individuo rehusa el cambio. La novedad le asusta, porque le zarandea y le empuja a renunciar a lo viejo para adaptarse a lo nuevo. Prefiere una prisión conocida a la sorpresa de la libertad,

o bien el individuo huye de su responsabilidad deseando constantemente el cambio y la novedad. Ese deseo enardece sus pasiones, que terminan por dominarlo, y le impiden vivir la verdadera libertad interior que tendría si no estuviera incesantemente a la búsqueda de nuevas sensaciones.

DESAFÍO **6**:

Esta energía de Amor vivo, libre de toda emoción egocéntrica, equilibra y hace reinar la armonía en el corazón del conflicto.

Cuando representa un Desafío,

o bien el individuo actúa según una actitud extrema que quiere a toda costa mejorar y equilibrar los elementos discordantes. Es entonces cuando, sin tener en cuenta sus límites ni los límites de los demás, pone sobre sus hombros el fardo del mundo entero e impone sus ideas a los demás, lo que le hunde en un conflicto constante en vez de conseguir la armonía deseada,

o bien el individuo duda de su naturaleza y de su capacidad de asumir responsabilidades. Se deja coger en la trampa de sus emociones, vive en constante tensión entre el deseo de actuar y asumir responsabilidades y el temor de equivocarse y herir.

Esa duda permanente le priva de la armonía que desea hacer reinar.

DESAFÍO 7:

Ésta es la energía de una serenidad profunda que dirige con discernimiento el centro de todas las cosas. Cuando representa un Desafío,

o bien el individuo pierde confianza en sí mismo y trata de recuperarla a través de multitud de preguntas, de análisis y de búsquedas, sin comulgar realmente con su ser profundo mediante el silencio y la paciencia. Está comprometido en esta búsqueda de la perfección a través de la mente, sin ningún discernimiento, y la filosofía, como cualquier otra solución, le sirve de salvavidas,

o bien el individuo se encierra en sus principios sin discernimiento, petrificado en una actitud escéptica que juzga y siembra la duda en lugar de aportar confianza y serenidad.

DESAFÍO 8:

Esta energía doble, emisora y receptora al mismo tiempo, dirige vigorosamente el plano material a través de la fuerza y la vida del Espíritu. Cuando representa un Desafío,

o bien el individuo se siente amenazado por la proximidad del mundo material, lo rehuye porque para él es como un feroz tiburón que no tiene la fuerza de afrontar de manera realista. Huye de las responsabilidades frente a sus obligaciones materiales, y también de las condiciones que mantendrían su equilibrio entre el espíritu y la materia,

o bien el individuo apunta al éxito final a cualquier precio, sin respetar ni su cuerpo, ni sus necesidades vitales, ni los límites de los demás. El fin justifica los medios, y eso le lleva a una tiranía inmoderada que destruye a la larga y causa bancarrota en lugar de prosperidad.

DESAFÍO **9**:

Ésta es una energía de irradiación libre, que opera con un Amor desprendido e impersonal en el corazón de todas las cosas iluminándolo y liberándolo. Cuando representa un Desafío,

o bien el individuo piensa y actúa de manera egocéntrica, buscando a través de su relación con los demás un consuelo personal, y esperando que su reconocimiento le dé seguridad en sí mismo y le revalorice ante sus propios ojos,

o bien el individuo se agota totalmente queriendo salvar al mundo, aportando consuelo y ayuda a todos los que le rodean y viven en medio del sufrimiento. Pero su implicación emocional le hace sufrir y le aprisiona impidiendo que su amor ilumine libremente.

Todos esos números vivos, que son mal comprendidos o mal codificados por la individualidad del Ser, encuentran una puerta de salud que se abre ante un camino muy concreto y le permite acceder a la comprensión y a la liberación.

Ese camino se revela al individuo a través de su Número de Fuerza, la Clave y su Número Axial.

Trabajando conscientemente las energías de esos números, el individuo descifra poco a poco los misterios que bloquean su camino, progresando así más y más hacia el conocimiento de Sí mismo.

Los Ciclos

El ciclo es un periodo a lo largo del cual actúa especialmente una determinada energía que tiene por objeto revelar al ser una parte de su potencial.

La vida manifestada del ser va desvelándose a lo largo de

tres grandes ciclos, que son 3 grandes períodos en la vida del individuo, subdivididos a su vez en 3 periodos de 9 años cada uno.

El primer ciclo va desde los 0 hasta los 27 años.
El segundo ciclo va desde los 27 hasta los 54 años.
El tercer ciclo va desde los 54 hasta los 81 años o más.

Los ciclos no comienzan de manera exacta –excepto el primero, que comienza el día de nacimiento, un día muy concreto– porque el flujo de las energías va revelándose según la apertura de conciencia del individuo y en función de sus vivencias internas y externas.

Por esa razón, un gran ciclo no puede completarse realmente más que respetando la duración de los pequeños ciclos internos en el seno del grande.

Ejemplo: Si una persona se encuentra en su año personal 8, no puede vibrar con la energía del gran ciclo siguiente hasta haber completado su año 8 y su año 9.

Así que el gran ciclo habrá completado su dimensión al comienzo del nuevo año personal 1.

Los ciclos no representan únicamente unos períodos separados en el tiempo, actuando como barómetros que indican la temperatura y el clima favorables para la acción de tal o cual energía.

Representan también diferentes puertas internas moduladas según los niveles de comprensión y de consciencia que el ser haya alcanzado respecto al sentido real de su vida. Esta consciencia depende de la función que haya ejercido, es decir, que se manifiesta a él con tanta mayor fuerza cuanto más plenamente viva la energía de su ciclo en todos los planos, no únicamente en el plano material.

CICLO **1**:

La energía creadora del 1 se revela durante ese ciclo en todos los planos de la manifestación. En los planos sutiles, es el ciclo de las nuevas ideas creadoras, de los deseos ardientes de comenzar, de renovar y de vivificar su vida interior y exterior.

En el plano concreto, empuja al individuo a ir hacia delante, a afirmarse y a ser independiente en todas las situaciones, y a actuar con ideas creadoras y gracias a la energía propulsora.

Durante el ciclo formativo:

El joven vive esa energía de fuego sin saber todavía dosificarla, lo que obliga al niño o al adolescente a vivir una tensión entre el deseo profundo de afirmarse y el de vivir su independencia respecto al entorno que le frena y modera su ardor.

Debe afirmarse a sí mismo a través de sus pensamientos, de su lenguaje y de su actitud, eso es indispensable.

Los padres y el entorno tienen una gran responsabilidad en este aspecto, porque no deben en ningún caso quitarle ese gusto por la independencia. Conviene ayudarle sinceramente a que comprenda cuál es su lugar en el medio en el que se mueve para no llevar una vida egocéntrica y egoísta.

Durante el ciclo productivo:

La energía del 1 vibra más que en el ciclo precedente en un individuo que es más maduro. El deseo profundo de exponer sus ideas, de guiar a los demás y de dirigirlos mediante sus consejos aportando su saber y su energía encuentra una dimensión más propicia que le ayuda a llevar a cabo con éxito sus proyectos.

Es el ciclo de la renovación en todos los planos, de conocer a gente nueva, de una nueva profesión o de nuevos métodos.

Si observa moderación al exponer nuevas ideas y al guiar al prójimo dejándole que vaya en su propia dirección, la energía favorecerá esos nuevos comienzos.

Para comprender este ciclo, es aconsejable ver la energía del 1 del día de nacimiento bajo todas sus facetas, las que vibran a través del 10, del 19 y del 28.

Durante el ciclo de la recolección:

El individuo vive esta energía creadora incluso después de su contrato profesional. Continúa con ese espíritu vivo, renovador e inteligente, con ganas de comunicar a su entorno su vitalidad y su deseo de renovación.

La jubilación no supone un descanso para este individuo que vibra por el fuego creador. Su verdadero placer estriba en desarrollar una actividad independiente y creadora, lo que consigue con mucho éxito.

Frase clave para el ciclo 1 en general: Con templanza y una visión global, avanza hacia el éxito.

CICLO **2**:

Durante este ciclo se revela al individuo una energía de dulzura, de receptividad y de colaboración en todos los planos, instándole a abrirse, a comprender y a colaborar con su propia naturaleza y con el prójimo.

Durante el ciclo formativo:

El joven vive esa energía de dulzura a través de sus sentimientos y del gusto por todo lo que, interior o exteriormente, tiene un aspecto tierno, suave y dulce. Lo busca a través de su lenguaje y de su actitud. El niño o adolescente necesita a sus padres y a su entorno para que lo escuchen y le demuestren su cariño y amor.

Este ciclo favorece la vida de comunidad y la riqueza de comunicación con el entorno, con lo que el niño se enriquece. En cambio, debido a la apertura emocional ante todo lo que le rodea, lo negativo también le afecta.

La gran responsabilidad de los padres consiste en crear una verdadera atmósfera de amor, escuchando las necesidades del niño. Conviene enseñarle a contar consigo mismo a la vez que colabora con el entorno, pero sin depender de los demás.

Durante el ciclo productivo:

El individuo vive la apertura y la colaboración con el entorno a través de su profesión y de sus múltiples contactos.

Este ciclo favorece las asociaciones y el trabajo en grupo. La vida de pareja le regenera, la escucha del otro le reconforta y le enseña a su vez a estar atento y a colaborar para su propio enriquecimiento personal. En este ciclo los acontecimientos se muestran en todos los planos bajo sus dos aspectos. El individuo vive la alegría y la dicha de ser escuchado, reconocido y apreciado, vive también el desasosiego y la decepción de ser mal comprendido o desatendido por su entorno.

Este ciclo de dulzura y de afecto tiene su cara negativa, porque enseña al individuo a no situarse ni en lo positivo momentáneo ni en lo negativo, sino en el punto medio, sin implicarse emocionalmente (véase la energía del día de nacimiento bajo todas sus facetas).

Durante el ciclo 2 de la recolección:

Este ciclo favorece una plácida jubilación en la que reina la tranquilidad en el individuo y en su entorno.

Las asociaciones toman un aspecto más cordial, en ellas se comparte un tiempo agradable que enriquece el espíritu y calienta el corazón.

Compartir la vida con alguien favorece el equilibrio afectivo y el intercambio mutuo en todos los planos.

Frase clave para el ciclo 2 en general: Apertura, colaboración y escuchar profundamente.

CICLO **3**:

Durante este ciclo, la energía de expresión y de comunicación en todos los planos enseña al individuo a expresar lo que *Es* de manera clara y auténtica.

Durante el ciclo formativo:

El joven vive su naturaleza con espontaneidad y sencillez. Este ciclo favorece en el niño o en el adolescente la expresión de la alegría y de la imaginación. Tiene una gran inteligencia innata y mucha facilidad para la comunicación, que realiza a través de los juegos, de las bromas y de la diversión.

Este ciclo favorece también la expresión artística de un modo u otro y abre un amplio campo de contactos en los que el individuo va aprendiendo a exteriorizarse con sencillez, enriqueciendo a su entorno por un lado y enriqueciéndose de él por otro.

Ciclo 3 productivo:

El individuo comprende durante este ciclo el verdadero sentido de la comunicación y su importancia para poner en contacto a unos individuos con otros de manera enriquecedora. Contribuye al progreso en todos los planos.

Este ciclo favorece la expansión en varios campos, con inteligencia y talento.

Las tertulias abiertas, la enseñanza o los contactos a través de los medios de comunicación son buenos instrumentos de expresión; también se expresa a través del contacto con los jóvenes y mediante actividades artísticas que desarrollan la comunicación.

Este ciclo de grandes aperturas y diálogos presenta también un riesgo de dispersión y de superficialidad si el individuo no se vigila con lucidez o si no actúa con autenticidad y sencillez.

Pero si lo hace, puede beneficiarse de los frutos de este ciclo sin vivir su contrapartida de mundanalidad y de superficialidad (véase el día de nacimiento 3 y todas sus facetas).

Ciclo 3 de la recolección:

Este ciclo favorece una gran apertura en el último tramo de la vida, de modo que el individuo goza de la presencia de su entorno para expresarse y exteriorizar su modo de ser.

Es un ciclo en el que se conoce a gente nueva, se establecen nuevos contactos y eso hace disfrutar de la alegría de vivir. Es imprescindible adoptar una actitud clara y auténtica, sin lo cual este ciclo correría el riesgo de convertirse en un torbellino vacío de sentido y sin la verdadera riqueza que brota del interior.

Frase clave para el ciclo 3 en general: Expresión de Sí mismo y comunicación.

CICLO **4**:

Durante este ciclo se revela la energía de construcción por el trabajo, la aplicación y la paciencia con un espíritu realista y objetivo. Enseña al individuo a comprender la importancia del trabajo positivo y su manifestación concreta, que canaliza y pone de relieve la vida interior de las cosas.

Durante el ciclo formativo:

El joven se da cuenta bastante pronto de la importancia de la acción concreta y de su resultado. Este ciclo presenta los acontecimientos con retraso, un retraso que es sólo aparente porque favorece la exteriorización de los esfuerzos emprendidos con firmeza y perseverancia.

El objetivo de cualquier acción vivida anteriormente con realismo, se pone de manifiesto en este ciclo, que es un ciclo de expansión.

Para el niño o el adolescente, es un ciclo difícil de vivir con armonía porque se le frenan las ganas de jugar y de tomar la vida a la ligera, y se le enseña la necesidad del trabajo. Es indispensable animarlo y apreciar con él el fruto de sus esfuerzos.

Ciclo productivo 4:

Al individuo le gusta canalizar sus esfuerzos y dar lo mejor de sí mismo para obtener buenos resultados.

Es un ciclo de trabajo y de esfuerzos constantes que no tardan en dar frutos, demostrando así el sentido y la utilidad del trabajo.

Este ciclo favorece la construcción estable en todos los planos. El método y la disciplina son instrumentos útiles para comprender y ayudar a percibir de manera viva el aspecto aparente de todas las cosas.

El individuo debe trabajar en sí mismo para evitar encerrarse en criterios del pasado y progresar sin dudas ni temores (véase el día de nacimiento 4 y todas sus facetas).

Ciclo 4 de la recolección:

Recoger el fruto de los esfuerzos emprendidos anteriormente es algo que favorece este ciclo. Sin embargo el trabajo no falta, y se impone la necesidad de actuar con convicción.

El individuo se ve empujado a mostrar su naturaleza estructurando su vida, su cuerpo y su entorno.

Esa estructuración tiene por objeto consolidar el sentido de la existencia y revelárselo de manera realista y objetiva.

La acción libera del miedo. Este ciclo reúne todas las energías necesarias para concebir y aplicar ideas profundas que, en vez de estancarse, deben contribuir a edificar la vida en su sentido más realista.

Frase clave para el ciclo 4 en general: Actuar con paciencia y con convicción.

CICLO **5**:

Durante este ciclo se manifiesta la energía del movimiento regenerador, indicando al ser el papel vivo que le incumbe: el de desprenderse «de lo viejo» con una verdadera apertura de espíritu y adaptarse a lo nuevo.

Durante el ciclo formativo:

El individuo vive en su juventud la novedad y el movimiento de manera extrovertida. Busca la libertad en todos los planos, lo que favorece los múltiples viajes hacia diferentes horizontes y hacia culturas nuevas, enriqueciendo su experiencia.

Al niño le gusta cambiar de aires y no le faltarán ocasiones para aprender y tener multitud de experiencias.

Este ciclo favorece la expansión de todas las novedades expresadas por el individuo. Además, el movimiento vivido en el exterior le enseña a abrirse al sentido de la *Vida*, que se modula constantemente en el interior de la forma, sin descuidar por ello la estructura ni huir de las responsabilidades.

Ciclo productivo 5:

Este ciclo facilita al individuo una gran apertura y expansión de su espíritu a través de múltiples contactos, bien en la enseñanza, bien en el comercio. Los acontecimientos, que cambian y revisten aspectos diferentes, requieren cualidades de adaptación para aprovechar realmente la riqueza que presenta cada nuevo instante.

Es el ciclo del movimiento interior y exterior que permite al individuo vivir libremente su naturaleza, sin presiones ni obligaciones.

La independencia está ahí, en el momento deseado, para que el individuo se comprometa a asumir su responsabilidad frente a sus libres elecciones y a sus compromisos.

Durante este ciclo es indispensable la libertad de expresión, asumiendo al mismo tiempo la realidad del momento presente; de no haberla, la inestabilidad y la dispersión impedirían alcanzar la verdadera expansión de sí mismo (véase el día de nacimiento 5 y todas sus facetas).

Ciclo 5 de la recolección:

La jubilación se presenta bajo aspectos favorables a través de viajes y de nuevos contactos que abren al individuo diferentes horizontes y le enriquecen con nuevos conocidos y nuevas experiencias. No faltan las distracciones constructivas. Los cambios interiores y exteriores se viven según el humor, por lo que es necesario no estar apegado a los criterios preestablecidos para abrirse a lo «nuevo» con toda libertad.

Frase clave para el ciclo 5 en general: Cambio enriquecedor que invita a la apertura de espíritu y al desapego.

CICLO **6**:

Durante este ciclo se manifiesta la energía de la armonía en medio del conflicto. Invita al individuo a asumir su propia responsabilidad en cada momento, para establecer la armonía sin implicarse emocionalmente, aunque con pleno conocimiento de causa.

Ciclo formativo 6:

Al niño le gusta una vida armoniosa en la que estén presentes la comprensión y el equilibrio, y la busca en el seno de su familia.

Este ciclo favorece el desarrollo del sentido artístico y de la belleza en todas las cosas, que le gusta observar, tocar y manipular.

Debido a su poca edad, el deseo de armonía le lleva a huir de los problemas y de los conflictos; pero debe comprender su sentido para asumir su responsabilidad sin implicarse emocionalmente a fin de establecer el equilibrio en sí mismo en todos los planos.

Ese joven, que huye de los conflictos, no tarda en fundar una nueva familia para realizar su viejo sueño de armonía y equilibrio.

Ciclo productivo 6:

Su propio modo de ser empuja al individuo a buscar responsabilidades en su entorno a fin de asegurar un cierto equilibrio y un éxito armonioso que embellezca su existencia y dé sentido a su vida.

Este ciclo favorece los contactos enriquecedores. Su sentido del deber bien cumplido y la profunda delicadeza que manifiesta en su actitud hacen que esté constantemente solicitado.

Este ciclo enseña al individuo el sentido de la armonía en todas las cosas. Le invita a equilibrar sus emociones a fin de no implicarse, y a aceptar sus límites y los de los demás de manera objetiva y constructiva.

Es un ciclo que favorece una vida de familia equilibrada, en un hermoso marco de armonía, que requiere sin embargo verdadera flexibilidad y aceptación de uno mismo en todos los planos (véase el día de nacimiento 6 y sus facetas).

Ciclo de la recolección:

Este ciclo, la última etapa del camino, aporta un flujo de paz y de armonía. Invita al individuo a abrirse al intercambio en el seno de la pequeña y de la gran familia que le rodea.

En ese intercambio encuentra un terreno favorable para ejercitar su buen hacer y aceptar responsabilidades. Tendrá ocasión de manifestar su naturaleza dulce, capaz de adaptarse y de asumir su tarea. No faltarán las oportunidades que le induzcan a actuar con realismo y a aceptar verdaderamente los límites, transformándolas en una fuerza que actúe de manera armoniosa y viva.

Entre las múltiples solicitaciones que se le presentan, elige en función de la importancia y de la oportunidad del momento.

Frase clave para el ciclo 6 en general: Flexibilidad y adaptación para asumir las responsabilidades sin implicación emocional.

CICLO 7:

Durante el ciclo 7 se manifiesta la energía de dominio en la materia que, fluyendo serenamente a través de la presencia viva en el interior de todas las cosas, invita al individuo a vivir ese estado y a difundirlo en silencio en todas sus vivencias.

Durante el ciclo formativo:

El niño o el joven vive su experiencia profunda de las cosas de manera discreta y silenciosa.

Aunque preocupado por comprender, analizar y darse cuenta del sentido de todo lo que le rodea, se plantea preguntas, intenta sin cesar descubrir y adquirir cierto saber.

Este ciclo favorece la profundización en el estudio y la investigación que desemboca en el éxito.

En cambio, los sentimientos y el intercambio afectivo del individuo dejan bastante que desear, lo que no le priva ni de su delicadeza ni de la correcta apreciación de las cosas.

Debe desarrollarse durante este ciclo la capacidad de discernimiento para no juzgar ni encerrarse en una actitud escéptica.

Ciclo 7 productivo:

Durante este ciclo, el individuo trata de percibir, analizar y comprender el sentido de su vida a través de los viajes y de los contactos instructivos.

La filosofía, la escritura y la investigación son otros tantos instrumentos en el camino hacia su plena realización. El individuo debe adquirir confianza en sus propias capacidades.

Este ciclo rico en intensidad interior, favorece también una vida exterior aparentemente tranquila en la que el individuo vive su independencia a través de la reflexión, de la meditación y de la profundización en todas las cosas.

La vida sentimental no siempre le irá bien. Sin embargo, la sensibilidad profunda del individuo le empuja a comunicar con delicadeza y cortesía.

Durante este ciclo, deben cultivarse la confianza y la paciencia para no quedar atrapado en la trampa de un excesivo espíritu de análisis que divide y separa en lugar de unificar con confianza y serenidad (véase el día de nacimiento 7 y todas sus facetas).

Ciclo de la recolección:

El gusto por la investigación profunda a través de la filosofía y de la espiritualidad en todas sus formas desarrolla la riqueza interior y la serenidad en este último ciclo del camino.

Favorece una vida tranquila en la que la principal actividad es de tipo cerebral, escribiendo, o enseñando, o haciendo evolucionar la consciencia humana de un modo u otro. Durante este ciclo se conoce a gente nueva, se realizan algunos viajes y se establecen múltiples contactos que tienen una finalidad instructiva y que contribuyen sutilmente a ampliar la comprensión y la consciencia del sentido de la vida.

Frase clave para el ciclo 7 en general: Búsqueda de conocimientos y análisis consciente. Práctica del discernimiento y de la confianza en sí mismo.

CICLO **8**:

Durante el ciclo 8 se manifiestan la energía del Amor transformador y del equilibrio perfecto entre espíritu y materia. Invitan al individuo a aprehender la acción vivificante del Espíritu en la materia.

Durante el ciclo formativo:

El niño, consciente de su fuerza y de su poder, trata siempre de influenciar o impresionar a su entorno.

Este ciclo favorece su acceso a un medio en el que se pone en evidencia el valor de las cosas, para que aprenda bastante pronto a utilizarlas con fuerza y con acierto.

El individuo, desde su juventud, sabe contar consigo mismo, y nada le detiene a la hora de manifestar su ambición y buscar el éxito.

A lo largo de todo este ciclo, ha de procurar tener moderación para evitar la contrapartida del absoluto desequilibrio que provocarían en un campo u otro sus apetitos incontrolados.

Ciclo productivo 8:

Este ciclo invita al individuo a realizarse plenamente en el plano concreto gracias a sus propios medios. Si cuenta consigo mismo con acierto y una fuerza profunda, actuará con la corrección adecuada para obtener resultados positivos y constructivos.

En todos los campos se le ofrecerán oportunidades de actuar y desarrollar al máximo sus capacidades de manera independiente, aprendiendo el valor exacto de todo lo que emprende, tanto en el plano interior como en el plano exterior.

Este ciclo es rico en muchos aspectos en todos los planos, incluso si están velados tras aparentes complicaciones. Es conveniente mantener un espíritu positivo para poder renunciar realmente a todo lo que amenaza con desanimar, aprisionar o enmascarar la realidad profunda de las cosas.

Los sentimientos y el estado de ánimo sufren los altibajos del éxito y del fracaso cotidianos. El individuo puede remediar esto centrándose en sí mismo y buscando en todo la motivación exacta que procede de la claridad del espíritu, aplicándola luego en el plano material con absoluto desapego, sin implicación emocional (véase el día de nacimiento 8 y todas sus facetas).

Ciclo 8 de la recolección:

Este ciclo, el último en el transcurso de la vida, invita al individuo a continuar sus actividades de manera más comprometida, con la certeza de una gran convicción y fuerza interiores.

Este ciclo le abre diversas vías en las que puede ejercer su buen hacer y enriquecer a su entorno.

En todas sus relaciones tiene esa actitud ambiciosa orientada hacia el éxito. Sin embargo, es posible que aparezca la angustia o la inseguridad conduciéndole al fracaso o a su propia pérdida si todos sus criterios están orientados únicamente hacia el éxito material y el poder exterior.

Experimenta durante este ciclo el verdadero sentido del renacimiento, porque el individuo recoge en él el fruto de sus esfuerzos, concentrándose en la victoria interior sobre sus exigencias personales.

Frase clave para el ciclo 8 en general: Prosperidad y poder mediante la actitud adecuada y equilibrada en todos los planos.

CICLO **9**:

La energía de la plena realización se manifiesta durante este ciclo con una irradiación libre e impersonal, que invita al individuo a actuar como una parcela del Gran Todo, sin separatividad ni implicación emocional.

Durante el ciclo formativo:

El joven vive la abnegación y la entrega a los demás sin saber realmente desprenderse del resultado.

Este ciclo favorece el desarrollo de sus relaciones de amistad y su enriquecimiento en el campo de los conocimientos.

Está abierto a todo lo que le rodea y es sensible al sufrimiento del prójimo. Este ciclo muestra también la ilusión del individuo por salvar a su entorno, y lo importante que eso es para él. Es un momento en el que corre el riesgo de vivir grandes decepciones en su camino hacia el despertar y hacia la liberación, decepciones que le enseñarán a amar de manera impersonal y a no sufrir por ellas.

El niño o el adolescente aprende a controlar constantemente las emociones que se desatan durante este ciclo y le impiden difundir su verdadera naturaleza.

Ciclo productivo 9:

Todas las puertas están abiertas ante este viajero universal deseoso de aprender y de asimilar para compartir después con los demás su experiencia y su saber. Este ciclo favorece el pleno desarrollo humano a través de múltiples contactos y en el curso de experiencias ricas en todos los planos.

La enseñanza, la medicina y cualquiera de las terapias que dependen de múltiples campos, serán instrumentos perfectos para evolucionar interiormente y para progresar en todos los aspectos sociales. Éste es el ciclo de los grandes impulsos del corazón. Para no dejarse llevar por el raudal de sentimientos respecto a todos los que necesitan ayuda, se requiere un gran sentido del realismo.

Por esa razón, este ciclo exige una purificación constante del cuerpo y de las emociones, para que el individuo viva el servicio a los demás de manera totalmente desinteresada, y para que irradie su saber e ilumine a su alrededor sin vivir el sufrimiento del otro ni el originado por su interés personal (véase el día de nacimiento 9 y todas sus facetas).

Ciclo 9 de la recolección:

Este ciclo, el último en el transcurso de la vida, invita al individuo a brindar a los demás sus conocimientos, su buen sentido y su generosidad a través del servicio desinteresado, abierto y universal.

Este ciclo favorece los viajes instructivos en todos los planos, en el curso de los cuales puede difundir su Ser Divino abriéndose y comunicándolo con sencillez y realismo.

Los frutos del pasado y las lecciones aprendidas serán buenos criterios de enseñanza si el individuo sabe permanecer positivo y no entra en modo alguno en el juego de la personalidad.

Frase clave para el ciclo 9 en general: Comunicación viva y universal a través del pensamiento y de la actitud desinteresada, que tendrá como consecuencia la irradiación del ser y su liberación.

Para que el individuo pueda vivir su ciclo en armonía con su deseo profundo, con su carácter y su camino de vida, se requiere una comprensión global, en el contexto completo de su vida, de todas estas energías que vibran según su propia naturaleza durante un ciclo concreto.

Para realizar el análisis del ciclo hay que tener en cuenta todos los números precedentes en el tema numerológico y también los números todavía velados a la comprensión del individuo, es decir, los que representan unos desafíos en términos numerológicos tradicionales.

Ejemplo: Consideremos un individuo de Ciclo 6 que tenga un Impulso Espiritual 3 y cuya Expresión sea 4.

Será un ciclo de una gran apertura en el campo profesional y muy enriquecedora. El individuo podrá manifestar su Impulso 3 en todo cuanto concierne a la organización, armonizando y equilibrando la comunicación, y estableciendo los métodos que permitan su aplicación práctica con realismo y disciplina.

A lo largo de todo el Ciclo 6 recaerán sobre él algunas responsabilidades relacionadas al mismo tiempo con el fondo y con la forma, siempre y cuando no se presenten los Desafíos 3, 4 o 6. De hecho, esos Desafíos pueden frenar la realización del individuo a través de una u otra de las energías parcialmente comprendidas o aceptadas por él.

Las Realizaciones

El saber y la experiencia adquiridas respecto a la comprensión de la individualidad constituyen una especie de capital que es lo que se llama «la Realización», y actúa en diversos campos pero en un plano determinado. Va expresándose con mayor libertad a medida que la consciencia del individuo va abriéndose a las energías que dirigen su Ciclo y le revelan su verdadera naturaleza bajo todas sus facetas.

Cuando la energía del Número actúa como Realización, despierta una fuerza latente en el ser que entra en acción a través de la relación íntima que establece consigo mismo y con su entorno.

Existen **4** Realizaciones en la vida del individuo, proporcionales a las **4** dimensiones de la encarnación: la dimensión física, la emocional, la mental y la espiritual. Esas cuatro dimensiones se interpenetran y se completan en sus manifestaciones a través de sus energías.

La primera Realización comienza con el nacimiento y va hasta los 27 ó 35 años. Para saber a qué edad empieza la segunda Realización, hay que restar al gran Ciclo de 36 años el número del «Camino de Vida».

Ejemplo: 36 – 4, lo que significa que la primera Realización durará hasta la edad de 32 años; o bien, 36 – 6, que significa que durará hasta los 30 años, etc.

La segunda y tercera Realizaciones tendrán una duración de 9 años a partir de su comienzo.

La cuarta y última Realización durará hasta el final de la vida.

Para interpretar correctamente las Realizaciones es imprescindible relacionar entre sí los números que corresponden a la Realización en curso, el del Ciclo que se vive paralelamente, y el del Desafío que hay que equilibrar durante ese

Ciclo, y relacionarlos todos ellos a su vez con la energía del Camino de Vida.

Esa interrelación entre los números revela la intensidad y la faceta de la Realización en cuestión.

- *Primera Realización:*

Se vive en el plano de la personalidad que se busca a sí misma y también a través de su relación con los demás, tratando de comprender lo que representa su expresión como reflejo del *Ser en verdad*.

- *Segunda y tercera Realizaciones:*

Se viven en el plano de la individualidad, que es la que transmite concretamente la energía del *Ser* y cuyo verdadero papel se vive tanto en el pequeño universo en el que se mueve el ser como en el gran universo.

- *Cuarta Realización:*

Se vive en el plano de la individualidad, que tiende conscientemente a vincularse con su *Entidad Primordial*, lo que le permite irradiar su *Vida* de manera más libre y firme a través de una faceta u otra.

Para comprender cómo actúa la energía del número que opera en la vida del individuo, es indispensable tener en cuenta la etapa de Realización en la que se encuentra.

REALIZACIÓN 1:

Durante esta Realización se manifiesta al individuo la energía del *Padre*, la energía del germen creador y del comienzo en todas las cosas. Se le invita a comprender el sentido y el funcionamiento de las vibraciones que regeneran e inducen a comprometerse de manera equilibrada, a fin de movilizar ese potencial creador que hay en él obteniendo un beneficio constructivo y evolutivo.

A lo largo de esta Realización, se comienzan muchas cosas en todos los campos. Al individuo le gusta exponer sus ideas, y aprende a dosificar sus impulsos, no para evitar imponer su voluntad a los demás, sino para tener en cuenta su compromiso frente a sus elecciones y poder asumirlas.

Aprende igualmente a comprender la energía del Padre cósmico, de quien emana todo y a quien todo vuelve, siendo como es la Unidad, a fin de reconocerse en Su energía.

Esto tiene lugar de manera proporcional a la naturaleza de cada ser humano, sea hombre o mujer.

La energía del Padre, lejos de estar reservada únicamente al sexo masculino, genera la Vida en el individuo, independientemente de su sexo. Sea quien sea el individuo, esa llama creadora vibra y vive en él totalmente.

REALIZACIÓN **2**:

En el curso de esta Realización se ponen de manifiesto en el individuo las cualidades de receptividad y de escucha profunda que permiten el reconocimiento y la colaboración con uno mismo y con el otro.

Aprende a abrirse, a escuchar y a recibir, sin perder por ello su propia identidad ni dejarse coger en la trampa de las apariencias.

Esta fase de aprendizaje tiene lugar a veces en medio de las dificultades y las dudas entre los deseos personales y la realidad de la Vida.

Las emociones son intensas y la sensibilidad aguda, lo que exige moderación para captar en todas las manifestaciones el sentido real de la paradoja y aceptarlo con Amor Verdadero.

Esta Realización augura una vida de asociación y de colaboración con el entorno.

Las lecciones que hay que percibir y comprender son de origen femenino. Se despierta en el individuo la consciencia de la *Madre* en su sentido más sutil y más concreto a la vez, vinculándolo con su materia, que es un receptáculo del Espíritu.

Durante esta realización, el individuo trata de dar libre curso a la expresión de sus sentimientos: le atraen la poesía, la fotografía y todo lo que refleje de manera reveladora la

Vida que actúa en el seno de las apariencias, debido a su deseo de adherirse a esa Vida y modelarse a su imagen.

La vida de pareja adquiere su verdadero sentido a través de la apertura y de la colaboración confiada y agradecida. El camino se define e ilumina.

REALIZACIÓN **3:**

Durante esta Realización se revela el sentido de la comunicación, de la expresión de lo que Es.

La energía del fluido viviente que vincula los dos polos y los fusiona en un solo punto, invita al individuo a salir de sí mismo y a alcanzar su plena realización expresándose en todos los campos.

Durante esta Realización, se abren las puertas de la comunicación y de la alegría de vivir a través de los juegos, de las reuniones y comidas con familiares y amigos, y de la expresión artística.

El individuo aprende a exteriorizarse con Claridad y Sencillez para evitar dejarse llevar por la superficialidad.

La Autenticidad, que permite que florezca el Estado de Ser depurado de toda falsedad, es imprescindible durante esta Realización.

A lo largo de este período, la mente y las emociones ayudan al individuo a vivir ese Estado de Ser de manera plenamente consciente. Cuando el individuo está en armonía consigo mismo, surgen múltiples contactos enriquecedores en todos los planos, y el éxito corona todo lo que emprende.

Esa energía de juventud y de lozanía interior se manifiesta en diferentes planos, depende de la madurez del individuo y de su capacidad para desvelar su Ser Verdadero y conseguir que sea Él quien dirija sus contactos, su trabajo y sus diversiones.

REALIZACIÓN **4:**

La consciencia del Ser Divino y su flujo viviente van desvelándose poco a poco, implicándose en la forma, en las estructuras y en el trabajo concreto, es decir, encarnándose en la materia para hacer de ella un vehículo adecuado que cumpla su verdadero papel como transmisor de la Vida.

Esta Realización enseña al individuo el sentido de las realidades concretas, su compromiso respecto a cada instante de la vida, a su estructura, y a las exigencias materiales. El individuo puede ser paciente a la hora de ver en qué desembocan sus esfuerzos y su perseverancia.

La energía está presente, como es de rigor. Los sentimientos y las emociones deben consolidar la corriente realista y constructora, y no constituir una trampa de implicación que la frene y la desestabilice.

Es un período de mucha trascendencia en el plano profesional. La organización y el sentido práctico son indispensables para permitirle la expansión y realización concreta de sus actividades profesionales.

Es importante tener una actitud correcta, evitando identificarse con el resultado, porque, conseguido éste, la consciencia que lo provocó ya lo ha superado y no cesa de crecer.

REALIZACIÓN 5:

Durante esta Realización se manifiesta al individuo el sentido de la Vida despojado de todo artificio, de toda atadura que pueda aprisionarlo.

Es una fase que cubre todos los planos. Los movimientos y los cambios en todos los órdenes dirigen los acontecimientos enseñando al individuo a captar la realidad de la vida, esta vez en el interior de las cosas y no en su apariencia. Al individuo le gustan los viajes, los cambios y los descubrimientos de todo tipo. Su espíritu curioso e inteligente le empuja a actuar y a experimentar en todos los campos esa riqueza oculta en todas las cosas que se renueva constantemente, sin límite.

Su apertura de espíritu le permite acceder a la llama interior que hay en todas las cosas. Conviene desprenderse realmente de las formas y de los convencionalismos para permitirle a la mente y a las emociones abandonar los criterios tradicionales del pasado y adaptarse a lo que *Es* en verdad. Se le brinda la ocasión de establecer múltiples contactos, muchas relaciones humanas y sociales que le permiten intercambiar sin dificultades y contribuyen a que el enriquecimiento interior sustituya a la riqueza exterior.

Ese espíritu libre, que actúa con una gran libertad y la proclama en todos los planos, desvela progresivamente al individuo el funcionamiento de su *Ser* real.

Tiene que vivir plenamente y asumir el momento presente sin atarse al pasado ni al resultado futuro.

REALIZACIÓN **6**:

Dios revela su feminidad perfecta, presente en cada célula física que se une al flujo viviente y se convierte en *Uno* con *Él* para manifestar la armonía viva del cuerpo entero.

Durante esta Realización se manifiesta al individuo ese «toque de Amor» en la materia.

En el plano concreto, al individuo se le presentan tareas importantes y grandes responsabilidades para que ejerza en ellas su sentido común y su rectitud, y para que se manifieste a través de una actuación correcta que tienda a armonizar, equilibrar y dirigirlo todo con moderación, tacto y diplomacia.

Es una fase de armonización en todos los planos. Gracias a su entorno, a su familia y al medio social, el individuo, generoso y expresivo, aprende a abrirse adaptándose con flexibilidad; aprende también a hacer elecciones sin implicarse emocionalmente a fin de comprender y aceptar los límites de la materia y de los demás con un Amor sabio que permita la expresión de cualquier cosa con una verdadera armonía.

Su cuerpo físico, el medio en el que vive y toda su estructura concreta requieren ese tacto comprensivo, armonioso, que suaviza, que flexibiliza y dirige con «Amor-Sabiduría».

Este es el hermoso programa previsto para esta Realización. La naturaleza y el medio artístico desempeñarán un papel importante iniciando a la belleza viva que encarna la Vida del *Espíritu*.

REALIZACIÓN **7**:

El *Dios Vivo* palpita en el corazón de todos los seres, la Vida luminosa se expande serenamente en la materia, serenidad que nace de la armonía y resonancia que existe entre los dos polos y que se revela durante esta Realización. Se abre en todos los planos un vasto período de aprendizaje. El individuo aprende a captar el sentido oculto de las cosas mediante la observación, el análisis y la interiorización.

Le preocupan muchas cuestiones. Le atraen el estudio, la filosofía y todo lo que permite desvelar los misterios que residen en las cosas.

Se dedica intensamente, con inteligencia y sabiduría, a intentar captar el sentido vivo del misterio y su acción tras la apariencia de las cosas.

Esa fase de profundización se vive generalmente de modo reservado; el silencio y la soledad ayudan al individuo a interiorizarse, a aprender y a comprender las cosas.

El individuo vive intensamente en el plano mental; los sentimientos y el afecto deben contribuir a flexibilizar y equilibrar su actitud cerebral y a suavizar su temperamento.

Esta Realización inicia al individuo a vivir la serenidad del Verdadero Ser que lleva en sí mismo, el que está presente en el fondo de su mente y envuelve sus emociones y su cuerpo con una presencia real, viva y serena, lejos del torbellino de las ideas y de los conceptos establecidos.

REALIZACIÓN **8**:

Durante esta Realización se revela el *Equilibrio Perfecto*, el que reside en el interior de las cosas y en su manifestación.

Es el equilibrio que mantiene la Vida en la materia respetando su ciclo y dirigiendo su naturaleza con el poder del Amor Vivo.

Durante esta Realización, el individuo vive y manifiesta una fuerza de estratega que lo dirige todo, lo ordena y lo coordina para desembocar finalmente en el éxito.

El sentido del éxito se va desvelando progresivamente al individuo, enseñándole a obrar con justicia y convicción en sus propias intenciones a fin de que el equilibrio perfecto reine en todo y le proporcione riquezas verdaderas y duraderas.

El dinero y los valores de las cosas serán importantes en el sentido de que le enseñarán a poner cada cosa en su sitio con justicia, y a servirse del dinero como un instrumento respetable que debe servir a la buena causa y no al contrario.

Se le presentan oportunidades materiales que acepta con responsabilidad y gran competencia y en los que se realiza plenamente.

También el cuerpo tiene sus exigencias y requiere una verdadera atención para que, a través de sus gestos, pueda expresarse esa potencia viva.

Esta fase de éxito y celebridad requiere vigilancia para cultivar lo durable e imperecedero y renunciar definitivamente a todas esas apariencias gloriosas que se apagarán un día.

REALIZACIÓN **9**:

Durante esta Realización brilla el sol del *Ser Vivo*, que vivifica y libera con su iluminación sin límites ni barreras.

A lo largo de esta fase, sobre todo en la edad madura, el individuo advierte y aprende la fuerza y el poder sanador de la liberación interior.

Generoso y servicial, atrae a los demás con un caluroso imán, y vive y vibra en un gran entorno con un idealismo sin límite para ayudar, aconsejar y aliviar.

Los grandes proyectos, los viajes y los múltiples contactos tienen como objetivo una apertura humanitaria que opera sin fronteras.

El sentido del Amor universal se va desvelando progresivamente a medida que madura el individuo, que desea servir en todo momento.

Toda su fuerza se pone de relieve cuando actúa de manera impersonal al servicio de la causa y de la llama viva, sin atarse a la forma que resiste a causa de su rigidez.

A través de ese desprendimiento total, la luz del Alma ilumina con toda libertad. Purifica y sana de las obligaciones que constituyen una prisión.

Las emociones vibran intensamente y pueden causar sufrimientos terribles si el individuo no renuncia a sus deseos personales y no actúa respetando al otro. Debe servir a la Chispa Viva que lleva en sí mismo sin pretender que los demás se adhieran a toda costa a sus propias ideas.

El Amor Universal del Ser Verdadero va desvelando su potencia en el individuo a medida que éste actúa con impersonalidad y libertad liberadora.

REALIZACIONES **11** Y **22**:

Esas energías, que vibran con la vibración del *Amor Universal,* actúan con equilibrio entre la *Fuerza* y la *Forma* de todas las cosas vivas.

Invitan al individuo que sabe abrirse a ellas sin barreras a obrar siempre en la misma línea que su Ser Verdadero, transmitiendo su conocimiento y su poder vivificante a todo lo que emprende.

La cualidad de saber escuchar profundamente permite la resonancia de la Vida interior que reside en el fondo de todas las cosas. Esa Vida no tiene limitación alguna si el ser humano quiere reconocerla y aplicarla en su vida cotidiana.

Su resonancia subsiste en la estructura, en el cuerpo y en todo vehículo universal que encarne verdaderamente la *Vida Divina* en todos los momentos de su existencia. Se desvelará al individuo para que se convierta en dueño de su vida al mismo tiempo que responde a la realidad de cada instante.

Ése es el verdadero sentido de estas dos Realizaciones que van verificándose a través de múltiples contactos, de viajes enriquecedores y de grandes responsabilidades a nivel universal.

El sentido de la *Vida en la Encarnación* se desvela al individuo que actúa con autenticidad y responsabilidad de Sí mismo, con *Amor-Verdad.* Y así lleva a cabo su verdadero papel de *Ser Humano, es decir,* divino y humano a la vez. Encarna la fuerza y el poder del *Amor-Sabiduría* que opera y da su vida al infinito.

No olvides, querido lector, que si quieres experimentar

plenamente tu Realización, deberás dejar fluir tu mirada desde el plano del alma o desde tu plano más sutil hacia una comprensión progresiva de todo lo que precede.

El circuito de la evolución

Este circuito está compuesto por los números del 1 al 9, dispuestos en su sentido vital para que haya fluidez y continuidad en sus funciones.

Los sentidos vitales se van presentando según un orden lógico de creación. Los números 1, 4 y 7 son números que conciben en función de tres dimensiones diferentes –la dimensión abstracta, la dimensión variable entre lo abstracto y lo concreto, y la dimensión concreta.

El 1 concibe las ideas,
el 4 concibe las estructuras, y
el 7 concibe el dominio de la acción, o la consciencia.

Los números 2, 5 y 8 son números de experimentación, cada uno en su dimensión y según el mismo orden dado arriba:

El 2 experimenta las ideas,
el 5 experimenta las experiencias propiamente dichas, y
el 8 experimenta y organiza lo concreto.

Los números 3, 6 y 9 son números de manifestación, cada uno en su dimensión y en el orden ya citado.

El 3 manifiesta las ideas,
el 6 manifiesta las experiencias, y
el 9 manifiesta el saber adquirido a lo largo de la vida.

El individuo se compone de las tres dimensiones a la vez y se desenvuelve en ellas sin separación.

Vive su ser profundo a través de los tres primeros números, que son el 1, el 2 y el 3. Concibe, experimenta y manifiesta así su ser abstracto: «*Yo Soy*».

Vive su relación con el otro, que le permite existir como individuo social, a través de los tres números siguientes, el 4, el 5 y el 6. Concibe, experimenta y manifiesta así su ser relativo: «*Yo y el Otro*».

Finalmente el individuo vive y ocupa su lugar en el universo como célula viva del cuerpo de la humanidad a través de los números 7, 8 y 9. Concibe, experimenta y manifiesta así lo que es verdaderamente en su calidad de *Espíritu, Alma, Cuerpo*: «*Yo y el Universo*».

Todo su ser piensa, y lo dirige y concretiza todo de manera correcta y armoniosa.

El circuito de la evolución de cada individuo se obtiene sumando

su día de nacimiento con los números: 1, 2, 3
su mes de nacimiento con los números: 4, 5, 6
su año de nacimiento con los números: 7, 8, 9.

Cada individuo tendrá que recorrer una trayectoria diferente a través de ese circuito para comprenderse y conocerse a sí mismo, y asumir así su lugar en el universo.

Es muy importante captar el sentido del número central del circuito, el que está situado en la casilla del número 5. Es el número que revela cuál es la relación de cada individuo consigo mismo y con su entorno.

El número 5 es el del resplandor de la individualidad cuando, renunciando a sus propios criterios y al pasado, se abre, vive y resplandece junto al otro, respetando al mismo tiempo su diferencia y su integridad. Es importante establecer la relación entre la faceta presente en la casilla del 5 –la del movimiento y de la mutación– y los demás números.

Unos actúan de manera invisible en la etapa del «*Yo Soy*» y otros se manifiestan visiblemente en la etapa concreta que vincula al individuo con la sociedad en la que se desenvuelve y, más allá, con el universo.

El individuo debe captar el mecanismo completo del funcionamiento de todos los números que figuran en el circuito de la evolución para comprenderlo e intentar vivirlo a fin de realizarlo plenamente.

Por esta razón, ningún número es negativo ni contradictorio respecto a sus hermanos, los demás números. Para realizar esta trayectoria evolutiva, son muy necesarias la apertura de espíritu y de corazón.

Funcionamiento del circuito de la evolución

Para comprender el funcionamiento de este circuito, hay que ser consciente de la realidad del *Ternario*.

El Ternario sagrado actúa en todo lo que está vivo y significa que toda finalidad es el resultado de dos energías que actúan una a través de la otra y cuya expresión final corona el trabajo realizado previamente.

La expresión de esas dos fuerzas complementarias pone de manifiesto la realidad de cierto presente –lo que *Es*– que aparece de modo natural como una evidencia.

El circuito de la evolución, compuesto por tres columnas, tiene sentido si se admite que la primera y la segunda constituyen la tercera, y viceversa.

Para que haya una expresión armoniosa en la sociedad o en el pequeño universo del individuo tiene que haber equilibrio entre el «*Yo Soy*» de uno mismo y su relación con el otro.

El «*Yo Soy*» alcanza su pleno desarrollo a condición de abrirse al otro y al universo.

La relación con el otro no puede ser equilibrada más que cuando el «*Yo Soy*» es claro en uno mismo y se abre al universo.

Esta interrelación entre las diferentes facetas del individuo expresa el *Todo* que él es, para que viva de manera equilibrada interior y exteriormente. Es necesario que esté en armonía consigo mismo a fin de abrirse al otro y asumir sus responsabilidades en la sociedad.

Mensajes de los números en el circuito de la evolución:

1: Toma tus decisiones sin titubear.
Ten confianza en ti mismo y toma iniciativas.

2: Abre tu corazón y colabora, admitiendo la necesidad de la paradoja para que haya un intercambio constructivo.
3: Expresa tu naturaleza tal como tú *Eres*. Céntrate en el ser y libérate del parecer y de sus facetas.
4: Construye con realismo y estabilidad.
Libérate del miedo y actúa con convicción.
5: Vive plenamente el momento presente, sin lamentar el pasado ni anticipar el futuro.
Sé libre, y respeta la libertad del otro.
6: Asume la responsabilidad de tu vida y establece en ella la armonía aceptando tus límites.
7: Cuida el discernimiento para ir al fondo de las cosas. Ten confianza en ti mismo y en la vida, y actúa sin juzgar a los demás.
8: Aplica tu experiencia a lo concreto sin olvidar el vínculo con tu dimensión divina.
Ten la actitud justa, sin exagerar ni en un campo ni en otro. Establece el equilibrio en ti mismo y en tu relación con el otro en todos los planos.
9: Ábrete con autenticidad y sencillez.
Pon en práctica el servicio desinteresado, sin apego al resultado ni al reconocimiento del otro.
Aprende a difundir libremente lo que *Eres*.

Estos mensajes vivos hablan a todas las facetas del ser: a su faceta interior, para que se conozca a sí mismo, y a la faceta exterior que tiene relación con sus semejantes, para que comprenda a los seres que le rodean.

Viviendo de manera equilibrada esta vida interior y exterior, el individuo responde infaliblemente a las expectativas de la sociedad y del universo como miembro de la gran familia universal.

LAS ESFERAS INICIÁTICAS

Véase el esquema de las esferas iniciáticas.

Cada uno de los números que se encuentra en los extremos de la cruz fija –formada por las líneas horizontales y verticales– vibra y expresa el camino que hay que recorrer hasta la realización del Número de la Iniciación Espiritual.

Los números que se encuentran en los extremos de la cruz flotante –la que forman las diagonales– expresan la evolución efectuada por el individuo en la comprensión de su camino iniciático (véase la explicación de cada número).

Para comprender el plano de las esferas iniciáticas e interpretarlo debidamente, hay que tener en cuenta la interrelación que existe entre los números.

Conviene tener una visión global de las energías que aparecen en ese plano para no cometer el error de separar o de exagerar la interpretación de un número u otro.

EL CIRCUITO DE LA EVOLUCIÓN Y SUS FACETAS

	Día	Més	Año
	YO SOY	YO y EL OTRO	EL UNIVERSO
LO MANIFESTADO	3	6	9
LO EXPERIMENTADO	2	5	8
LO CONCEBIDO	1	4	7
	ABSTRACTO	VARIABLE	CONCRETO

LAS ESFERAS INICIÁTICAS

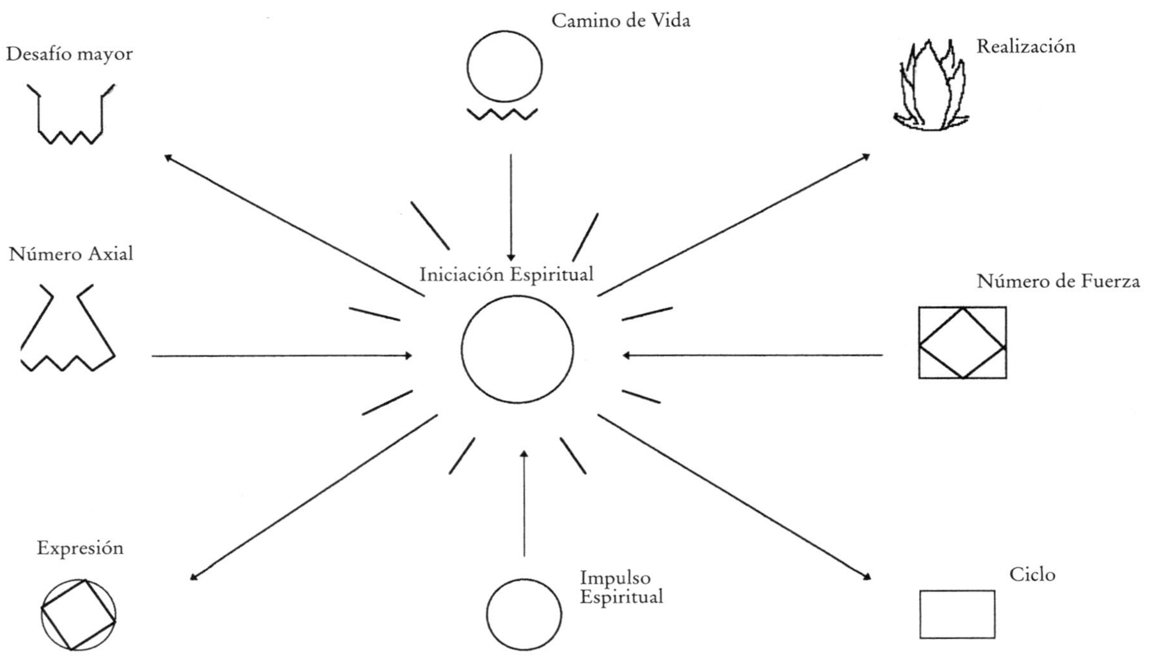

TEMA NUMEROLÓGICO

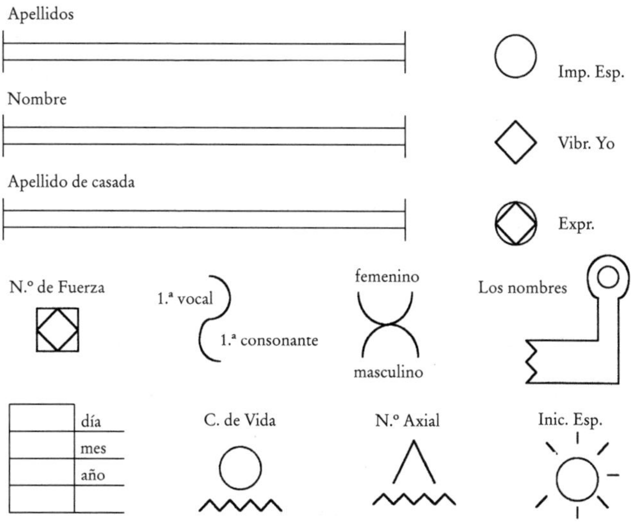

Los ciclos y las edades

formativo C1	productivo C2	recolección C3
mes	día	año

C. Vida	1	2	3	4	5	6	7	8	9
C2>C3	27	26	25	24	32	31	30	29	28
C2>C3	54	53	52	60	59	58	57	56	55

Las Realizaciones

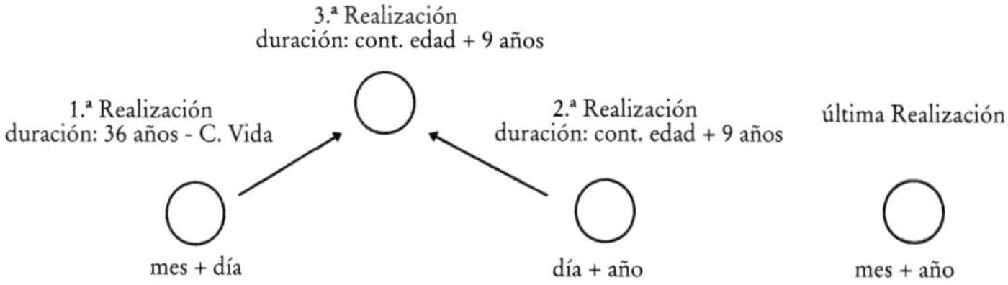

LOS DESAFÍOS Y LAS FUERZAS VELADAS

mes	día	año
1.er D. menor mes - día	D. mayor 1.er menor - 2.º menor	2.º D. menor día-año

D.ES

1.ª vocal - última vocal

D.VM

1.ª cons. - última cons.

La inclusión y el puente iniciático

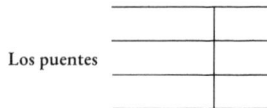

El universo y yo	9	
	8	
	7	
Yo con los otros	6	
	5	
	4	
El «Yo Soy»	3	
	2	
	1	

Los puentes

El circuito de la evolución

	Yo Soy (individualidad)		Yo y el Otro (relación)		El universo (modo de expresión)	
Lo manifestado	3		3		3	
Lo experimentado	2		2		2	
Lo concebido	1		1		1	
Fecha de nacimiento		Día		mes		año

El circuito alfabético

Naturaleza: Creativa Afectiva

	creativo	voluble	tierra	
cerebral	A	HJNP	GL	
físico	E	W	DM	
afectivo	IORZ	BSTX		
intuitivo	K	FQUY	CV	

N.º Clave: ______

C. Vida: ______

5. *Desarrollo de un tema numerológico a título de ejemplo*

Querido lector, es necesario que sepas que, desde el momento en que te comprometes a desarrollar el tema de una persona, a través de su energía comunicas realmente con su ser.

De ahí la importancia de tu apertura, porque debes mantener una neutralidad absoluta en tus apreciaciones personales respecto a cualquier número que aparezca en el tema.

La neutralidad te permitirá viajar con la persona cuyo tema desarrollas, te permitirá descubrir su vida interior y su vida manifestada.

Ese descubrimiento enriquecerá tu propio camino y hará madurar tu alma. Te darás cuenta entonces de que todos los que se acercan a ti en espera de ayuda representan múltiples facetas de tu propio tesoro.

Así aprenderás a conocerte a ti mismo y a amarte *tal como eres*, pues tu universo es un inmenso cuadro compuesto por mil y una partes, cada una de las cuales tiene su propia belleza.

Para ilustrar el tema numerológico mediante un ejemplo, he escogido a una persona que, desde su nacimiento hasta la vida concreta de cada día, vincula Oriente y Occidente.

Descubriremos juntos la realidad y el por qué de la elección que efectuó en su nacimiento y que va precisándose a medida que madura el ser (véase el primer plano del tema).

Cuando se trata de una mujer, hay que empezar por establecer el tema de los nombres y apellidos que se recibieron al nacer.

Todas esas letras constituyen un receptáculo de energía de la entidad que ha nacido, incluso si no todas son utilizadas de manera expresa.

Después hay que establecer un segundo tema con el apellido de casada si ese apellido ha sido utilizado de manera ofi cial durante un período mínimo de 7 años.

Es preciso comparar los dos temas, teniendo en cuenta principalmente el apellido recibido al nacer. En ese caso, el apellido de casada es una puerta que el ser ha decidido atravesar para acceder al encuentro de *Sí mismo*.

Estableced el plano numérico del tema observando las definiciones (véanse las definiciones de los aspectos tratados en un tema, y cómo se calculan, en la primera página del capítulo cuarto).

Una vez habéis rellenado el plano del tema con los números, dejad que os impregnen todas sus energías, escogiendo algunas palabras sencillas que definan rápidamente cada uno de ellos.

Intentad después establecer la relación entre los números principales del tema y los números del plano de la inclusión. Ese plano proporciona verdaderas claves para definir la individualidad del sujeto en cuestión. (Véase la explicación del plano de la Inclusión en el capítulo precedente).

Querido amigo, concédete un tiempo de descanso antes de continuar el tema, para respirar y descansar tu mente.

Vuelve a tomarlo una hora después, o al día siguiente por la mañana, cuando estés fresco para continuar viviendo un contacto real con el sujeto en cuestión.

Tema de ejemplo: Violette *Mansour Farag*, nacida el 15 de Octubre de 1960.

Definiciones rápidas de los números principales:

Impulso Espiritual: 1, procede de un 10, y, desde más lejos, de un 37.

TEMA NUMEROLÓGICO

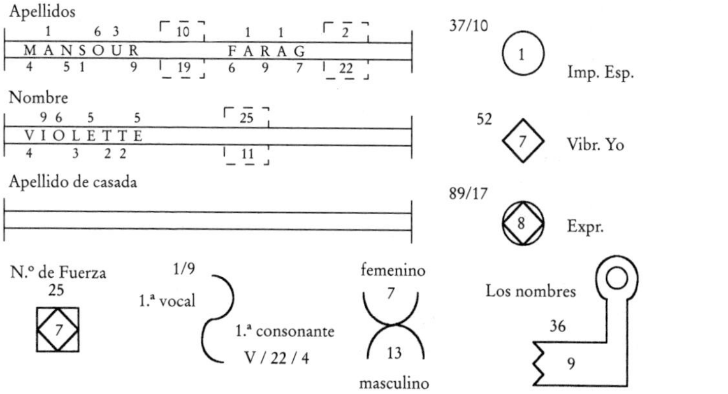

15	día
10	mes
1960	año
1985	23

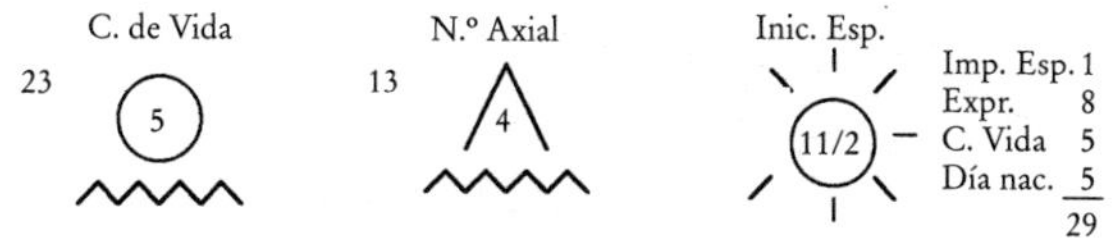

Los ciclos y las edades

formativo C1	productivo C2	recolección C3
1	6	7
mes	día	año

C. Vida	1	2	3	4	5	6	7	8	9
C1>C2	27	26	25	24	32	31	30	29	28
C2>C3	54	53	52	60	59	58	57	56	55

Las Realizaciones

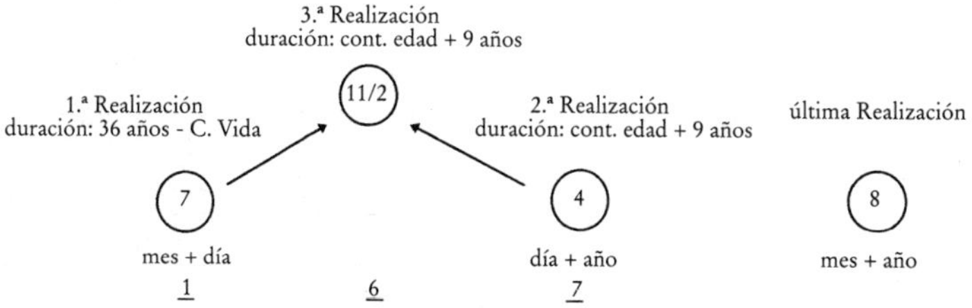

LOS DESAFÍOS Y LAS FUERZAS VELADAS

mes	día	año
1	6	7
1.º D. menor mes-día 5	D. mayor 1.er menor - 2.º menor	2.º D. menor día-año 1

D.ES 8

$\frac{1}{9}$ $\frac{A}{1}$

1.ª vocal - última vocal

D.VM 3

$\frac{V}{4}$ $\frac{G}{7}$

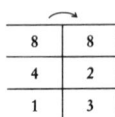

1.ª cons. - última cons.

La inclusión y el puente iniciático

El universo y yo	9	3
	8	0 ↘
	7	1
Yo con los otros	6	3
	5	3
	4	2 →
El «Yo Soy»	3	2
	2	2
	1	4 ↗

8	8
4	2
1	3

Los puentes

Independencia Equilibrio	8
Apertura Cooperación	2
Centrado Comunicación	3

El circuito de la evolución

	Yo Soy (individualidad)		Yo y el Otro (relación)		El universo (modo de expresión)	
Lo manifestado	3	9	6	7	9	7
Lo experimentado	2	8	5	6	8	6
Lo concebido	1	7	4	5	7	5
Fecha de nacimiento		Día 6		Mes 1		Año 7

El circuito alfabético

Naturaleza: Creativa Afectiva

N.º Clave: 9

C. Vida: 5

	creativo	voluble	tierra	
cerebral	A	HJNP	GL	
	AAA	N	GL	6
físico	E	W	DM	
	EE	–	M	3
afectivo	IORZ	BSTX		
	IOORR	STT		8
intuitivo	K	FQUY	CV	
	–	FU	V	3
	11	6	4	

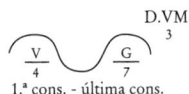

LAS ESFERAS INICIÁTICAS

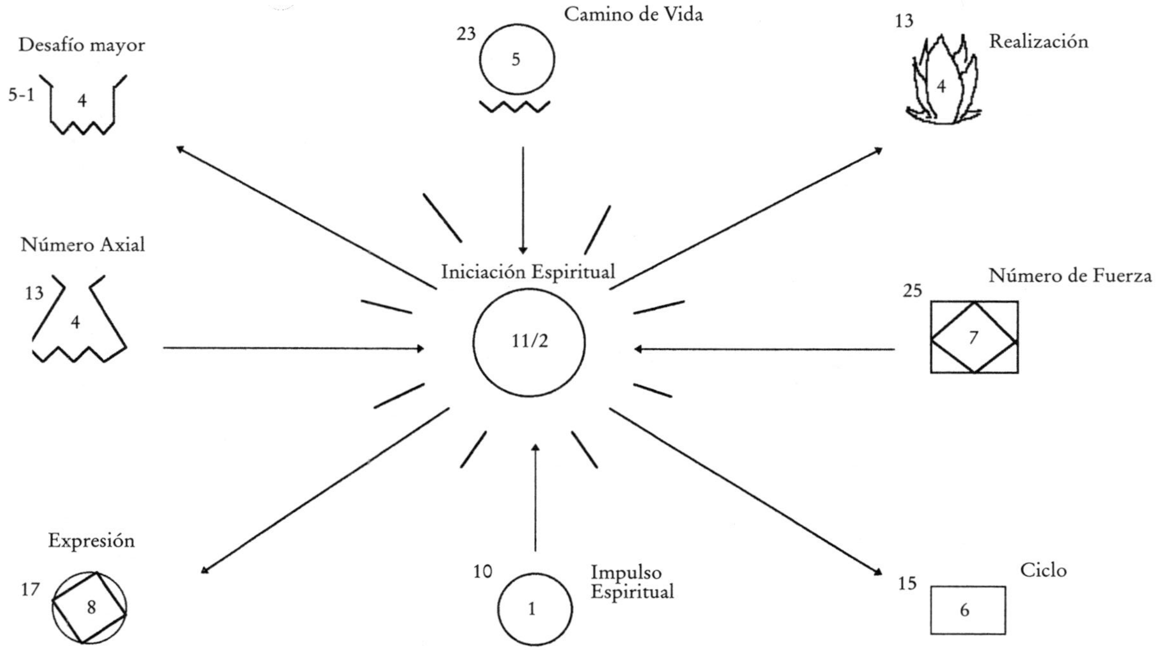

EL CIRCUITO DE LA EVOLUCIÓN Y SUS FACETAS

		6 Día		1 Més		7 Año
		YO SOY		YO y EL OTRO		EL UNIVERSO
LO MANIFESTADO	3	9	6	7	9	7
LO EXPERIMENTADO	2	8	5	6	8	6
LO CONCEBIDO	1	7	4	5	7	5
		ABSTRACTO		VARIABLE		CONCRETO

El origen de un número nos informa respecto a cómo se expresa su energía en la individualidad.

Ese **1** habla del deseo del Ser de manifestarse, de guiar y de exponer sus propias ideas con la inteligencia del **3** y la perfección del **7**.

El **10** nos recuerda que el impulso de ese ser le lleva a desear brillar con los demás y mediante ellos. (Véase la explicación del 10 en el segundo capítulo).

Vibración del Yo: 7, que procede de un 52.

Ese 7 nos habla de una personalidad reservada que, antes de manifestarse exponiendo sus ideas, intenta captar el sentido oculto en el fondo de las cosas y de las situaciones.

El 52 nos dice de qué manera se manifiesta la personalidad de Violette (52, dos números opuestos complementarios; véase la explicación de los opuestos complementarios en el tercer capítulo).

El 5 y el 2, situados en este orden, hablan de una personalidad que trata de experimentar y vivir antes de intercambiar; después, el intercambio con los demás se efectúa con el tacto y la diplomacia del 2.

(Véase la inclusión: el 2 que se manifiesta a través del 2; el 5, a través del 3).

La Expresión: 8, que procede del 1 y del 7, y, desde más lejos, del 89/17.

Ese 8 nos habla de la capacidad de Violette para llevar a cabo en la práctica los deseos profundos de su ser gracias a la intuición y a la habilidad del 1, y también de la preocupación por la perfección y el discernimiento del 7.

El 89 manifiesta su búsqueda de equilibrio a través de su expresión, para traducir las realidades universales que lleva innatas la naturaleza del 9.

Para expresar sus ideas y concretarlas, le convendría trabajar en el campo de la investigación y de las ciencias humanas.

La expresión de Violette podría encontrar ciertas dificultades, debidas a su naturaleza afectiva que puede hacerle renunciar ante los obstáculos, a menos que capte el sentido paradójico de su vida y lo utilice como instrumento de expresión.

(Véase la inclusión: el 8 no se manifiesta visiblemente. El circuito alfabético nos revela la afectividad del 8. El desafío del Impulso Espiritual 8 nos habla también de ese riesgo de abandono ante las dificultades).

Sin entretenernos más, intentemos ir más lejos observando globalmente cómo se relacionan los números entre sí.

Número de Fuerza: 7, que procede de un 25.

Esos dos números opuestos complementarios se dan cita una segunda vez en la vida de Violette.

El secreto de su éxito o de su fuerza de acción y de realización se manifiesta en dos palabras: Escucha o Apertura y Libertad.

La sensibilidad y la intuición del 2, ligadas a la sed de novedad y de libertad del 5, acentúan ese deseo profundo del sujeto de casar la intuición con la inteligencia.

La serenidad y el discernimiento del 7 harán que ese matrimonio sea un éxito.

La Clave: 9, que procede de un 36.

Esta clave de vida para Violette es la continuación lógica del funcionamiento del «Número de Fuerza». El 9 nos habla de ese deseo de aliviar, de aconsejar y de ayudar, pasando por la inteligencia y la lucidez del 3, manifestándolo mediante la dulzura y la armonía del 6. Esta clave queda confirmada, además, por la que proporciona la primera vocal del nombre: «i» (véase la explicación de la letra i, primer capítulo).

Un examen del circuito alfabético en relación con el Número Clave, permite observar que la parte cerebral del sujeto vibra a través de la sensibilidad y la necesidad del tacto armonioso del 6, en tanto que la intuición se revela por la claridad y la espontaneidad del 3; (la inversión de funciones puede parecer contradictoria: una mente que va a tientas y trata de adaptarse, mientras la intuición es nítida, sin titubeo alguno).

Sigamos recorriendo este tema globalmente, aportando una precisión por aquí, otra por allá, sin extraer conclusiones precipitadas; examinemos los tres números principales del tema:

el Número del Camino de Vida
el Número Axial, y
el Número de la Iniciación Espiritual

Número del Camino de Vida: **23/5**
Número Axial: **13/4**
Número de la Iniciación Espiritual o del despertar de la conciencia: **11/2**

El Camino de Vida **5** nos habla de un destino que marchará por un camino de libertad, de abandono y de comunicación edificando, con el Número Axial, una construcción tangible, real, basada en los hechos de cada momento.

El número que es el eje central de la existencia de Violette, al proceder de un **13**, manifiesta la necesidad de expresar el estado de su Ser Primordial, con objetividad y realismo, y hacer de cada instante de la vida concreta y visible un momento vivo y constructivo en el rompecabezas del universo.

También ahí se perfila una nueva paradoja en la vida de Violette: un camino que exige no atarse a nada, vivir únicamente el momento presente sin fijarse objetivos que podrían aprisionar su alma, reconociendo la importancia de la vida de cada instante como necesidad de expresión y de vida.

La cuestión de la paradoja como señal de un destino tiene sentido en el designio de la Entidad encarnada de nuestro personaje.

Número de la Iniciación Espiritual: **11/2**.

Ese **2** nos habla de la necesidad de la paradoja para expresar la Vida en su totalidad.

La elección y el sentido de la encarnación de la Entidad del sujeto se precisan en ese **11/2** que revela la voluntad de vivir y de expresar los dos polos de la existencia.

El **2** es un número de dulzura, de colaboración y de resonancia; revela que el misterio de la Vida y de su expresión residen en la manera y en la capacidad de *escuchar y reconocer* su esencia vital.

Esa esencia de la Vida misma se manifiesta por la emisión y la receptividad, por los pros y los contras, por el Sí y el No, por la materia y la antimateria.

El **11** es un gran río vivo que vincula lo alto con lo bajo, y requiere una auténtica verticalidad en la vida del ser que lo ha elegido.

Para captar lo que representa esta iniciación en la vida de Violette, penetraremos más en el tema, siempre con una observación imparcial y un espíritu abiertos.

Las dificultades probables que puede encontrar Violette en su camino son las siguientes:

Los Desafíos:

El Desafío menor, hasta la edad de 36 años más o menos, no facilita el camino del desapego (Desafío **5**).

En efecto, si el Camino de Vida es **5**, y el Desafío también es **5**, resulta de ello una verdadera tensión para vivir la libertad de ser manteniendo un no apego ante las cosas.

La inclusión nos informa respecto a la faceta por la que vibra el **5** en la persona de Violette: **5/3**.

El sentido del segundo Desafío menor queda iluminado por el Desafío mayor.

Desafío mayor: **4**

La Inclusión nos informa respecto a ese 4: vibra por el 2, lo que revela, en caso de desafío, como es el caso presente, que esa voluntad de actuar con objetividad y perseverancia es muy débil y titubeante en ciertas situaciones.

El Número Axial **4** nos recuerda la necesidad de canalizar y de expresar con objetividad el estado de ser profundo.

El Desafío mayor **4** revela el sentido del segundo Desafío menor que es el **1**, o bien la dificultad de vivir el realismo del **4**, sin ponerlo en duda; o, a veces, la obstinación en una realidad u otra.

Esto subraya la dificultad del trabajo que ha de realizar Violette en sí misma en cada momento de su existencia.

No olvidemos que la aceptación de los desafíos es una hermosa cualidad que ayuda a cada persona a desvelar sus propias fuerzas ocultas.

El Desafío mayor 4 tiene un sentido clarísimo: indica lo difícil que le resulta «conservar la libertad de ser y la ligereza interior mientras se dedica con valor y perseverancia a realizar la tarea concreta de cada instante como si fuera una necesidad vital.»

El Ciclo y la Realización:

Para analizar el Ciclo y la Realización, es preferible basarse en la edad del sujeto en relación al año en curso.

En 1991, Violette cumplía 31 años, la edad en la que se vive plenamente la transición entre lo viejo y lo nuevo.

Para comprender una transición, es indispensable aprehender el verdadero sentido de las energías que se vivieron en el ciclo formativo y relacionarlas con las de la primera Realización.

Esta comprensión permite avanzar con el fruto recogido del pasado.

El Ciclo formativo **1**: (*véase el tema*)

Ese Ciclo era una fase de siembra, en la que todo lo que se presentaba a Violette estaba todavía en estado de germen. Para desarrollar sus potencialidades se requería, pues, paciencia y confianza.

A lo largo de ese período, el niño necesita afirmarse, los acontecimientos no siempre están a su favor de un modo inmediato.

Sus instrumentos de acción deben ser el valor y la perseverancia.

Durante ese Ciclo, Violette iba aprendiendo poco a poco el discernimiento, iba dándose cuenta del sentido de la vida profunda, oculta muchas veces tras la apariencia de las cosas. (Realización **7**).

Esta Realización le enseñaba la realidad de la vida para que el Germen vivo, presente en ella, pudiera madurar y dar frutos. Ha de tener apertura y flexibilidad para aprender las lecciones que dan los acontecimientos. Y así irá aprendiendo a exponer sus propias ideas en los momentos oportunos de modo que produzcan frutos vivos y constructivos, a la vez que, día tras día, van formándola también a ella (Realización **7**, que procede de un 25).

La transición de la Realización de Violette del 7 al 4 está directamente ligada a la transición del Ciclo 1 al 6:

Son de prever grandes cambios en su vida, que se manifestarán claramente en el año personal 9.

Esto permite dar por terminada una etapa y pasar a otra que comienza en un año personal 1.

Del Ciclo formativo **1** al Ciclo productivo **6**:

Los acontecimientos tendrán ahora para Violette más impacto en todo los planos. Cada acción pasa del estado de germen a una real maduración. Esta vez se le presentarán responsabilidades palpables que requerirán una verdadera aceptación para poder asumirlas con armonía.

Durante este Ciclo, va dándose cuenta del significado de la objetividad y utilidad de las estructuras concretas en todos los aspectos.

La Realización **4** hará trabajar a Violette a diferentes niveles. Su cuerpo físico debe convertirse en un vehículo vivo y armonioso, tal como le indica el Ciclo **6**.

Toda realidad tangible deberá ser para ella un medio adecuado para expresar *la vida* que ha concebido esa realidad.

Para darse cuenta de qué manera se viven el Ciclo y la Realización, hay que relacionar constantemente esos números con los que desempeñan un papel importante en el tema.

Para comprender la importancia que tiene precisamente la Realización **4** en la persona que estamos estudiando, vemos que:

El Número Axial para Violette es **13/4**.

La primera consonante –clave de la personalidad– es: **V = 22/4.**

Lo que realza el advenimiento de esta Realización es el Desafío mayor **4**.

En esto constatamos la intensidad que tiene la elección efectuada previamente por la Entidad de Violette: penetrar en el fondo de la dificultad, vivirla y trascenderla.

Triunfar sobre lo insólito, o más bien llevar a cabo el milagro de *la vida.*

Para traerte un soplo de aire fresco, querido lector, desperézate, inspira, espira... Sigamos...

No hay nada tan maravilloso como un individuo que decide utilizar su propia debilidad como campo de apertura y de adaptación a fin de comprender todos los recovecos de su sombra, donde le aprieta el zapato, podríamos decir, y trabajar con ellos para que no sean una fuente de obstáculos en el camino.

Para Violette, el Ciclo **6** proviene de un 15. El alcance de lo que debe realizar le confiere toda su dimensión: vivir la armonía en y por la materia, con la decisión de liberarla (relación del 1 con el 5 para manifestar el 6).

Esa decisión se revela por su Impulso Espiritual **1**, pues ha nacido el décimo mes del año; la Inclusión nos revela igualmente esa relación entre el Espíritu y la materia, pues el 1 vibra por el 4.

Relación del fuego con la tierra.

El fuego debe purificar la tierra sin quemarla, pero también debe ocupar cada una de sus células como un núcleo central que vivifica. *¿Cómo?*

En este tema concreto, el número del Camino de Vida, así como el de la Iniciación Espiritual iluminan el estilo de vida que hay que adoptar y aplicar.

El Camino que debe seguir Violette es el **5**: la libertad de ser, con una aplicación real del desprendimiento frente a todo lo que amenaza con quitarle esa libertad interior.

El desprendimiento: Consiste en vivir plenamente el momento presente, ocupar su lugar en el seno de cada instante, sin ocuparse ni del pasado ni del futuro.

La iniciación de Violette, presente en cada instante de su

vida, es el **11/2**: Abrirse y colaborar con la *vida* en todas sus dimensiones. Esa apertura se efectúa por la *decisión interior* de colaborar con la *vida* en todas sus facetas a través de los 2 polos opuestos de la existencia: los momentos de fuerza y de debilidad, los momentos de alegría y de sufrimiento, los momentos de vida y de muerte a lo viejo.

La decisión de apertura: consiste en vivir cada instante gracias a la escucha de su Sí-mismo, para poder comunicarle *la causa de su existencia, la vida que reside en su corazón.*

Querido novicio, una vez has paseado tu mirada por el rompecabezas de un tema, deja que tu corazón te cuente su historia para que puedas reconocerlo en todas sus parcelas. *No captarás la realidad del número vivo más que a través de ese lenguaje del corazón inteligente.*

Analizar un tema no debe ser un juicio, decir lo que revela no es en modo alguno enunciar un veredicto.

Querido amigo, no olvides nunca que tú formas parte de este planeta y de este universo en el que te encuentras.

Todo lo que el otro te comunica a través de su tema no le concierne a él únicamente. También te compromete a ti en tu manera de ver las cosas, en tu capacidad de apertura, en tu vida.

Surgen algunas preguntas: ¿Quién es esa persona? ¿Quién es Violette?

¿Saldrá adelante con todo lo que le espera? ¿O, más exactamente, con todo lo que le hemos atribuido en nuestro análisis?

¿Cuál ha sido su elección?

Sólo la vida nos dará la respuesta.

Querido amigo y novicio en el camino de los números, ¿qué te aporta a ti este tema?

¿Qué ha removido en ti?

¿Cuáles son tus reacciones frente a este estudio?

Éstas son las verdaderas preguntas que te has de hacer.

El circuito de la evolución

Ese circuito, ya descrito, desvela el camino recorrido por la individualidad en los tres planos principales de la encarnación:

El primero es el del Espíritu, donde se sitúa la Entidad humana como Ser. Se simboliza por «Yo Soy».

El segundo es el del Alma, donde se sitúa la Entidad humana como «individualidad mediadora» entre ella y el otro. Se simboliza por «Yo y el Otro».

El tercero es el de la Individualidad encarnada que ocupa un lugar en el universo. Se simboliza por «Yo y el Universo», o la aplicación concreta de cada instante de la vida.

Método de aplicación:

* El día de nacimiento reducido se suma a la columna del «Yo Soy».
  El día + 1, ... + 2, ... + 3.
* El mes de nacimiento reducido se suma a la columna del «Yo y el Otro».
  El mes + 4, ... + 5, ... + 6.
* El año de nacimiento reducido se suma a la columna del «Yo y el Universo».
  El año + 7, ... + 8, ... + 9.

Volvamos a la persona de nuestro ejemplo:

(Véase el tema, segundo plano del circuito de la evolución)

El centro de ese circuito representado por la energía del 5, vibra a través de la naturaleza del 6, lo que exige el sentido de la aceptación y de la responsabilidad de sí mismo (véase la explicación del circuito de la evolución en el capítulo anterior).

Violette actúa como individualidad mediadora –que se acepta conscientemente a sí misma y a su entorno– a través de esa energía de naturaleza femenina que recibe y distribuye lo que ha recibido después de haberlo vivido.

El 6 es el agua fecundada que comunica la vida. Precisamente en ese circuito, en presencia del 5, esa agua debe ser ligera, etérea como el rocío de la mañana, impregnando de dulzura la vida de cada instante.

Violette está llamada a vivir la aceptación total de sí misma en todos los planos. Si lo hace, recibirá lo que le comunican tanto su Entidad divina como la vida, y también comprenderá –en la medida de su capacidad– lo que debe ser dado de nuevo a la vida y a los demás, respetando la capacidad personal de cada uno.

Para percibir qué es lo que ayudará al centro de ese circuito a vivir y a iluminar su existencia, debemos referirnos a la columna del «*Yo Soy*», que nos permitirá descubrir adónde conduce el recorrido de la vida y de la evolución.

«*Yo Soy*», en el circuito de Violette, tiene como punto de partida la energía del 7.

El 7, como primer mensaje de la Entidad, comunica a Violette una presencia serena que actúa en silencio y trabaja con profundidad sin detenerse o limitarse a las apariencias.

Esa presencia del comienzo comunica su propia vida transformando las dificultades y haciendo enriquecedor y constructivo cualquier acontecimiento que tenga lugar en el interior de Violette (el 2 vibra a través del 8). Todo lo que está arriba es como lo que está abajo: ése es el mensaje en ella del «*Yo Soy*».

La última etapa de la columna del «*Yo Soy*», para Violette, se manifiesta por la irradiación del 9. La Entidad evoluciona a través de ella cuando vive y actúa de manera desinteresada; así da a su Ser la ocasión de aliviar y de curar a través de su tacto (el 3 se manifiesta a través del 9).

«Yo y el Otro»

La relación con el otro comienza con una libertad de ser que exige el abandono de los intereses personales, por nobles que sean, y una verdadera apertura a la realidad del momento.

Eso permitirá a Violette ser íntegramente lo que es, respetando la libertad del otro y viviendo la realidad del momento (el 4 vibra a través del 5).

Ese comienzo, vivido con toda libertad con el otro, le permite valorar sus propios límites para poder vivir su humanidad plenamente.

Sus límites, y los del otro, no constituyen en absoluto una barrera, sino, al contrario, su relación humana evoluciona en el respeto y la libertad mutuas, lo que permite una verdadera *responsabilidad de sí mismo.*

Como hemos visto antes, ahí reside el mensaje principal para Violette como Entidad divina y humana a la vez.

Esa relación con el otro evoluciona hasta convertirse en una auténtica complicidad, un matrimonio que constituye un acuerdo perfecto, constructivo en todos los planos (el 6 vibra a través del 7). Esta casilla, situada en la segunda columna del circuito de la evolución de Violette, nos habla de un testimonio discreto por su parte: yo y el otro formamos la belleza y la integridad de la pareja que se ama y se respeta en su diferencia a fin de vivir *la Unidad.*

«La relación con el Universo»

En ese circuito se manifiesta la aplicación concreta de la vida de Violette a cada instante, como un espejo que refleja la segunda columna, la de la relación con el otro.

Y revela que su individualidad encarnada desea esa amplificación universal. La relación con el otro se convierte así en un instrumento educativo e iniciático a la vez, que le hará ocupar y vivir conscientemente su lugar en el universo.

Ese circuito puede ser interpretado de diferentes maneras. También podemos suponer que esos números están como clavados en unas piezas removibles, y que el circuito completo está representado por el movimiento esférico entre los polos de la galaxia.

Cada día que pases en comunicación y comunión con la vida de los números, te enseñará a descubrir un nuevo método de aplicación para acceder a una comprensión cada vez más amplia.

Las esferas iniciáticas

Se puede hacer una síntesis de este tema numerológico con el plano de las esferas iniciáticas (véase el plano).

En el centro del esquema aparece un sol que expresa el porqué de la encarnación.

Los demás números que gravitan a su alrededor muestran de qué manera se lleva a cabo armoniosamente el mensaje expresado previamente.

La cruz fija del esquema –formada por las líneas verticales y horizontales– simboliza la importancia del libre albedrío (Camino de Vida **5**) y la independencia que debe vivir Violette (Impulso Espiritual **1**). Debe permanecer objetiva y concreta (Número Axial 4) para dar muestras de cierta perfección en el ideal que representa su fuerza (Número de Fuerza **7**).

La cruz flotante –formada por las líneas en diagonal– señala las etapas vividas y sus variaciones, a fin de permitir que se exprese su naturaleza independiente, idealista y práctica, y adquiera una consciencia objetiva que asuma su vida de manera acorde a su Ser profundo.

El Desafío mayor **4** en el esquema subraya la dificultad que puede atravesar Violette al querer armonizar el ideal con un realismo patente.

La Expresión **8** indica el deseo de esta naturaleza de unir lo espiritual con lo material y su verdadera voluntad de equilibrio.

El Ciclo y la Realización son pasajeros, lo que asegura una continuidad de evolución y de despertar en el recorrido del Camino de Vida.

Precisamente en este tema, a la edad de 31 años, Violette se encuentra en el momento de pasar del Ciclo formativo **1** al Ciclo productivo **6**.

Como la energía es de naturaleza fluídica, mientras una se retira la otra afluye suavemente, sin interrupción brusca. A lo largo de este cambio de Ciclo, la energía de la segunda Realización ha tejido ya su red y le invita a comprender y a vivir la gran paradoja que supone unir y expresar los dos polos de la vida, el espiritual y el material.

El Ciclo **6**, que procede de un 15, le impondrá diversas responsabilidades. La primera de todas consiste en asumirse –aceptarse a sí misma conscientemente– como individuo libre, capaz de vivir y expresar sus ideas con la apertura de espíritu y el desprendimiento que exige semejante compromiso.

Durante ese Ciclo, ha de asumir plenamente que tendrá que hacer determinadas elecciones, y Violette tomará conciencia progresivamente de su propia realidad en todo lo que se le presente y requiera su compromiso (Realización **13/4**).

Necesitará paciencia y perseverancia, porque no se trata de una comprensión mental o abstracta. La Realización **4** es un camino sembrado de las realidades de cada momento, con todo lo que eso implica para su naturaleza humana, que aprenderá progresivamente a abrirse, revelando así su Ser profundo.

Relación del 6 con el 4 como Ciclo y Realización, respectivamente:

Estos dos números pares revelan la necesidad de adaptación y de flexibilidad frente a realidades concretas.

Hay que evitar anclarse en una imagen mental. La actitud adecuada consiste en aceptar vivir los propios límites, inherentes a la naturaleza intrínseca de la materia.

Gracias a esa aceptación real, el ser consigue liberarse de las presiones, porque cada límite es una iniciación a la apertura desinteresada y libre.

Transformados así, los límites y las barreras se convierten en instrumentos de expresión y medios de acción para vivir y manifestar *un ser liberado*.

Una visión general de síntesis permite comprobar, a través de la Iniciación Espiritual **11/2**, que la persona de Violette es una individualidad que, a través del nombre escogido al nacer, ya expresa el deseo profundo de establecer la armonía y la reconciliación entre Oriente –a través de su apellido– y

Occidente –a través de su nombre, que es una clave vibratoria.

Esa reconciliación entre el Este y el Oeste, ¿no es la señal del deseo de reconciliar en sí misma los dos polos opuestos?

Aunque la oposición entre los dos polos en realidad es artificial, pues, querido lector y actor, ¿qué haría tu mano derecha sin tu izquierda? ¿O qué haría tu cabeza sin tus piernas?

Entre la mano derecha y la izquierda, entre la cabeza y las piernas, ¿no hay un tronco que une los extremos?

¿Y no están en ese tronco el corazón, los pulmones, el hígado y todo lo demás? La columna vertebral que mantiene todo tu ser, ¿no está sosteniendo toda la espalda?

Todo sirve para construir, para edificar y mantener al ser humano en su integridad y en su realidad.

Nada muere, todo se transforma, porque en realidad todo es «uno».

Con esto llegamos juntos al final del análisis del tema que hemos escogido. La interpretación pertenece a todos.

¿Cuál es la tuya, querido amigo?

Debes saber que tu interpretación te pertenece, tú eres responsable de ella. Así que, buena suerte, exprésate y, sobre todo, asúmete a ti mismo.

Estoy a tu lado.

Unas palabras para terminar

Como has podido comprobar, querido aspirante a la Numerología viva, este estudio exige una gran apertura de espíritu, sobre todo en el plano mental para poder superarlo y comprender así el funcionamiento del número.

El número está en movimiento incesante debido a la presencia de otros números que lo acompañan.

Por eso conviene recordar que nunca hay que quedarse clavado en una imagen negativa o estática de un número u otro.

En caso de tensión en relación a un número o a un ciclo, la actitud correcta que hay que adoptar es la de comprometerse. Después, con la firme voluntad de trabajar en lugar de buscarse excusas, conviene confiar en la fuerza del *Amor Divino* que hay en uno mismo, cuya potencia se intensifica gracias a la acción correcta y equilibrada.

Ejemplo:

Eres irritable.

Procura tomar distancia respecto a lo que te irrita. Pon verdadero empeño en mantenerte así hasta que la armonía equilibre tu actitud.

Eres tímido. Te falta confianza en ti mismo.

Adopta la actitud que consiste en dar un paso hacia delante y, cada vez que te atenace la duda, fomenta esa buena voluntad de compromiso.

Poco a poco se transformará en verdadera voluntad.

Te gusta brillar en sociedad y que alaben tus méritos.

Procura contenerte hasta que se derrumbe la imagen que tienen de ti.

Ten la firme voluntad de vivir con transparencia y claridad (es una auténtica fuerza).

Observa esa actitud con la voluntad lúcida de manifestar el Ser que hay en ti, no el parecer.

Con estos ejemplos deseo iluminar el sentido de esas palabras.

No se trata de una voluntad egoísta, separadora. No.

Es la voluntad del Sí-mismo Divino, que es de lo que estamos tratando aquí, esa voluntad viva en cada uno de nosotros que puede expresarse a través de la personalidad cuando ésta decide abrirse y colaborar con su Naturaleza Divina.

Visión del karma y números kármicos

En la tradición y en la filosofía Oriental, el Karma se define a través de la noción de acción y reacción.

Para cada «causa» hay un «efecto» visible en el tiempo y en el espacio. El efecto procede de una «causa», que la mayor parte de las veces escapa a la consciencia.

Esta ley de «causa y efecto» incluye la idea de interrelación entre el pasado, el presente y el futuro.

Es decir, que los actos realizados en el pasado tienen consecuencias en el presente, y, según la aceptación o rechazo de esas consecuencias, se diseña el futuro.

Esa visión del Karma explica que cada individuo sea responsable de los acontecimientos que componen la trayectoria de su vida. Es él quien opera y modela esa trayectoria haciendo de ella una agradable excursión en la que puede realizarse plenamente, o una gran tragedia de la que siempre será la víctima.

Queda una pregunta por hacer:

Si el individuo es limitado en el tiempo y en el espacio, ¿cómo le va a ser posible interrumpir ese cambio de hora para poder intervenir en el pasado, traerlo al presente, y transmitir su esencia al futuro? *¿Puede realmente interrumpir esa trayectoria?* Ese cambio de hora entre la causa del pasado y el efecto del presente que conduce a una continuidad en el futuro ¡se puede interrumpir!

Sí. Esa noción de causa y efecto se puede interrumpir, o minimizar sus consecuencias, mediante «una toma de conciencia» gracias a la cual el individuo no será únicamente responsable de la trayectoria de su vida, sino que permanecerá en el «centro» de esa trayectoria, transformando los errores o la incompetencia del pasado en un trampolín o en un escalón. Se sentirá dichoso de poder utilizarlos para hacer de los actos del presente una auténtica expresión viva, que respire y cambie de forma a medida que progrese.

Ya no se trata de asumir el peso de los errores del pasado, sino más bien de utilizar el fracaso o la debilidad como instrumentos de transformación para acceder a la belleza y a una verdadera calidad de vida en el presente.

Así desaparecerá la noción del tiempo, porque el presente contiene el instrumento y el resultado a la vez.

Todo se convierte en una cualidad y una consciencia de Vida Verdadera.

La noción del Karma como destino, o el deber del discípulo diligente respecto a la vida y a sus deberes iniciáticos, ya no son válidos en esta visión real de *La Vida Una*.

La transformación es «lo propio de la vida consciente».

La vida es «una» en su realidad, «todo» revela una visión diferente de su naturaleza.

Hombre, debes saber que hay en ti una fuerza suprema, la religión y las filosofías la llaman *Dios*. ¿Quieres que se manifieste a través de ti? ¿Quieres que opere en tu vida cotidiana, para darle sentido y vivificarla?

Acepta esa realidad y trabaja constantemente para hacerla

patente en tus decisiones, en tu actitud y en tus elecciones cotidianas.

El número, como arquetipo divino que vibra y difunde la vida, te ayudará en ese proceso.

En el marco de esa comprensión y ese proceso del corazón vivo, te invito, querido lector, a captar el mensaje de ciertos Números llamados Kármicos:

El **8**, el **12**, el **14** y el **16**.

Estos números pueden ser considerados como energías kármicas porque invitan al individuo que los vive a trabajar constantemente sobre sí mismo para transformar las ideas y criterios del pasado en una energía nueva que exprese una verdadera calidad de Ser (*Una vida consciente*).

El **8**: Exige el equilibrio en todos los planos para que su energía viva trascienda la noción de fracaso y de éxito y permita que fluya la Vida a través de todas las situaciones vividas.

El **12**: Exige un centrado constante a fin de traer su fuego y su luz interiores a exteriorizarse mediante la apertura que coopera con la Vida, sin dispersarse ni dejarse atrapar por las apariencias.

El **14**: Exige la transparencia y el desapego frente a los propios cambios bruscos para poder adaptarse al movimiento interior de la Vida y encarnar la libertad de ser, asumiendo al mismo tiempo la responsabilidad hasta el final.

El **16**: Exige la aceptación del estado de ser en sí mismo y amar realmente la Vida para transmitir a los demás y a los actos concretos «una consciencia viva» que dará su fruto según la madurez del momento.

Como puedes comprobar, querido lector, todos esos números han transmitido siempre su mensaje por encima del Karma y de sus exigencias. Pero hay que cambiar la *visión interior* de las cosas para que ese mensaje no sea una obligación de vida sino una correcta comprensión de *su aplicación concreta* de cada momento.

Índice